Renate Konrad

A proposito

Immer wieder Italien 5

Bibliografische Information der Deutschen Nationalbibliothek:

Die Deutsche Nationalbibliothek verzeichnet diese Publikation in der Deutschen Nationalbibliografie; detaillierte bibliografische Daten sind im Internet abrufbar über: http://dnb.dnb.de

© 2017 Renate Konrad

Umschlag: Renate Konrad, Rotterdam, Niederlande

Fotos zur Buchreihe: http://italienreisen.jimdo.com

Korrektorat: Kornelia Schwaben-Beicht, Rhauderfehn

Herstellung & Verlag: BoD™ – Books on Demand, Norderstedt

Printed in Germany

ISBN 9783743194731

Auf Reisen gleichen wir einem Film,

der belichtet wird. Entwickeln wird ihn die Erinnerung.

- Max Frisch

1
Farbtherapie

Ligurien

Wenn ich an Ligurien denke, rieche ich den Duft der Focaccia und sehe ich die typischen Farben vor mir. Ligurien, das sind Gelb- und Rosatöne bis hin zu dunkelroten Fassaden. Das Beige und fahle Grün Liguriens blende ich lieber aus.

Die Idee war, diesen Sommer die gesamte Küste Liguriens zu erkunden. Und zwar mit dem Zug. Zugegeben, bis Nizza nahmen wir das Flugzeug. Ab der italienischen Grenze ging es dafür äußerst *slow* weiter, denn da streikte die Bahn.

Trotz langer Reise kamen wir ziemlich entspannt in San Remo an. Wir lieben es, auch im Urlaub mitten im Geschehen zu wohnen, also hatten wir ein Appartement in der Altstadt gemietet, direkt an der Kathedrale San Siro. Mit Aussicht auf den Platz, dem Herzen des Wohnviertels.

Das war auch gut so, denn bereits bei unserer Ankunft waren wir auf Hilfe angewiesen. Uns wurde nämlich nicht geöffnet, als wir bei unserem Haus klingelten, obwohl wir alle Klingeln ausprobiert hatten. Als wir feststellten, dass das schmiedeeiserne Tor zum Treppenhaus nur angelehnt war, wagte ich mich nach oben. Im zweiten Stock versperrte jedoch ein zweites Tor den weiteren Zugang. Als ich mich auf dem Weg nach unten so im Treppenhaus umschaute, hoffte ich inständig, dass wir uns im Haus geirrt hatten. Dass es alt war, wussten wir natürlich vorher, aber hier fiel alles – von den Eisengittern mal abgesehen – fast auseinander.

In dem Moment hätte ich wirklich nicht geglaubt, dass ich im Laufe der Woche jeden Abend im Treppenhaus am Fenster stehen bleiben würde, um Fotos von unserer stimmungsvoll erleuchteten Gasse zu machen, die gerade durch den Kontrast zu dem schwarzen, verschnörkelten Eisengitter des Fensters besonders zur Geltung kam.

Ohne unsere Nachbarin wäre es uns allerdings nicht mal gelungen, in unsere Wohnung zu gelangen. Wir trafen die ältere Dame auf dem Platz vor ihrem undefinierbaren Laden und fragten sie, ob ihr der Name unserer Vermieterin etwas sage. Ihrem Gesicht nach zu urteilen, war dies der Fall, aber dass es Komplikationen geben würde, war auch nicht zu übersehen. Schon bevor sie antwortete, arbeitete sie offenbar an einem Plan. Unsere Vermieterin sei Maklerin, aber da es Sonntag sei, habe das Maklerbüro geschlossen, erklärte sie uns. Sie bot an, auf unser Gepäck aufzupassen, und schickte uns zu dem Maklerbüro, wo drei Telefonnummern angeschlagen waren. Die sollten wir ausprobieren, denn eine davon sei die unserer Vermieterin.

Weil wir das Büro nicht finden konnten, tauschten die Frau und ich die Rollen. Beim Maklerbüro fand sie die richtige Nummer heraus und bestand darauf, mit ihrem Smartphone anzurufen, damit es für uns nicht so teuer würde. Wirklich ein Schatz, diese Frau! Also rief sie die Maklerin an und stiefelte anschließend ohne ein Wort kurz entschlossen zu einem Café am Platz. – Wo unser Schlüssel offenbar bereits vor dem Wochenende hinterlegt worden war.

Am nächsten Tag bedankten wir uns mit Pralinen von *Baci* bei unserer Nachbarin, denn ohne sie hätten wir den ersten Abend wohl mit Hotelsuche verbringen müssen.

San Remo

Der Vorteil unseres Appartements war die Minidachterrasse mit Blick auf den Hügel mit der mittelalterlichen Altstadt und den Bergen im Hintergrund. Auch die Lage war ideal. Es waren nur ein paar Schritte zu dem Bäcker mit der größten Auswahl an leckeren Focacce und in die riesige – wenn auch unansehnliche – Markthalle, wo sich ein völlig normales Leben abspielte. Genau wie in der Bar neben der Markthalle, in der sich ausschließlich Männer trafen. Die drei an unserem Nebentisch kamen zusammen auf schätzungsweise zweihundertdreißig Jahre. Es war elf Uhr morgens und für einen Kaffee eigentlich schon zu warm, fanden wir. Die Signori waren wohl auch der Meinung, denn auf ihrem Tischchen blinkten drei Gläser Prosecco in der Sonne.

Direkt gegenüber fanden wir einen Zugang zur mittelalterlichen Altstadt La Pigna. Der Torbogen und die blühenden Ranken machten einen einladenden Eindruck. Aber dann! Ein Wirrwarr dunkler Bogengänge mit pastellfarbenen Wänden, vergitterten Türen und großen Laternen, ohne die es noch finsterer gewesen wäre. Unvorstellbar, dass hier Leute wohnten!

Moment mal, wohnte hier überhaupt jemand? Während unten in der Stadt das Leben tobte, begegnete uns dort oben höchstens mal eine Katze. Es waren auch keine Geräusche zu hören, die im Prinzip durch die Gässchen hätten hallen müssen. Ab und zu ein Fahrrad und ein Buggy waren in La Pigna die einzigen stillen Zeugen von Leben. Und der Minimarkt, den wir später mitten im Labyrinth der Gassen entdeckten.

Oben angekommen, eröffnete sich uns eine ganz andere Welt. Die sonnige Piazza mit Aussicht an der Kirche San Costanzo war wider Erwarten mit der Außenwelt verbunden, denn dort oben gab es sogar eine Straße. Noch weiter oberhalb, auf dem Kamm des Hügels, trafen wir abermals Leute. Ein paar Jugendliche und ein verliebtes Paar. Wir befanden uns im Park Giardini Regina Elena, der sich über den Gipfel des Hügels erstreckte, südlich des riesigen *Santuario*. Dank der mächtigen Palmen und Pinien sowie der leichten Brise war es dort auch bei der Hitze gut auszuhalten.

Nach einer Weile wanderten wir bergab und tauchten wieder in das turbulente Leben ein. San Remo strahlte eine Lebensfreude aus, an die wir uns gewöhnen könnten. Nachmittags saßen wir gerne zwischen den *Sanremesi* im traditionsreichen Café Renaissance unter den Arkaden an der ansonsten völlig schmucklosen Piazza Cristoforo Colombo. Abends flanierten wir am Corso oder am Hafen, morgens tranken wir Cappuccino am Stadtstrand … es sei denn, wir hatten Pläne.

Und Pläne hatten wir viele. Von der Küste Liguriens haben wir an der *Ponente*-Seite zwischen Ventimiglia und Genua wenig ausgelassen. Im Prinzip erkundeten wir alles mit dem Zug, wobei wir der Umwelt pro Fahrt einiges an CO_2 ersparten, wie wir unseren Tickets entnehmen konnten.

Das war jedoch zu toppen: mit dem Fahrrad! Ein fünfundzwanzig Kilometer langer Radweg, die *Pista Ciclabile,* führte mitten durch San Remo, wo wir direkt Fahrräder mieten konnten.

Radtour mit Meerblick

Weil dieser Radweg auf einer stillgelegten Bahnstrecke verlief, gab es keine nennenswerten Steigungen. So fuhren wir von einem Küstendorf zum nächsten, stets mit Blick aufs Meer, wenn uns die Route nicht gerade durch einen ehemaligen Eisenbahntunnel führte. Da wir es immer gerne ruhig angehen lassen, kehrten wir bereits nach wenigen Kilometern ein. Schon von Weitem sahen wir die Sonnenschirme im Wind flattern. Es schien eine moderne Bar mit riesiger Terrasse zu sein. Und zwar direkt am Meer. Als wir auf der Höhe der Bar ankamen, bogen wir synchron ab. Rücksprache überflüssig. Nach dem Cappuccino ging's dann weiter. Der Abschied fiel uns nicht schwer, denn eins war sicher: Auf der Rückfahrt würden wir hier wieder Pause machen.

Wir fuhren am Strand von Bussana vorbei und befanden uns kurz darauf in Arma di Taggia, einem netten Ferienort, farblich eher französisch orientiert, alles renoviert und schön gestaltet, aber nicht übertrieben. Übertrieben fanden wir nur das Angebot eines Marktstandes auf der Strandpromenade. Von unserer Radtour ziemlich überhitzt, schlenderten wir an den Ständen entlang, schauten uns die üblichen Auslagen an und wunderten uns in erster Linie darüber, dass wir überall Französisch hörten. Nach wenigen Metern zog uns jedoch ein Stand in seinen Bann, denn dort wurden ausschließlich Mäntel angeboten: Pelzmäntel. Lange Pelzmäntel. Ein nicht alltägliches Bild. Wir hatten 30 Grad im Schatten, rechts und links waren bunte T-Shirts und billiges Spielzeug ausgestellt. Aber interessierte Passantinnen in Strandkleidung warfen nicht nur im Vorbeigehen einen Blick auf die Kürschnerware. Nein, sie blieben tatsächlich stehen, um Modelle und Preise zu vergleichen, obwohl es offensichtlich war, dass keine der Damen ein dickes Portemonnaie im Bikini untergebracht hatte. Oder gar eine Anprobe in Erwägung zog.

Mittags saßen wir in einem der Strandrestaurants zwischen den französischen Familien und ließen uns gerne von ihnen anstecken: Relax und genieße den Tag! Für die Franzosen war das Preisgefälle natürlich interessant. Von der Côte d'Azur kommend, fühlten sie sich in Ligurien wahrscheinlich wie im Paradies.

Unsere Radtour ging weiter. Die nächsten beiden Orte waren nicht weit entfernt: Riva Ligure und Santo Stefano al Mare, die fast ineinander übergingen. Sehr angenehme Dörfer, denn sie waren nicht auf schnuckelig gemacht. Das Markenzeichen ist ihr ursprünglicher Charme, der sich vielerorts offenbarte. Trotz Hochsaison erschien Riva nachmittags allerdings wie ausgestorben. Außer am Strand – da tobte das Leben.

Wir konnten dort stundenlang unter den Bäumen auf dem Mäuerchen sitzen und Leute beobachten. Hier standen Bänke im Schatten, wo sich eher die Senioren trafen, und direkt hinter dem Mäuerchen war der Strand. Herrlich, diese Lebensfreude zu beiden Seiten der Mauer zu erleben!

Auf dem Rückweg hielten wir wieder an der Bar am Meer, wo wir wie Stammgäste begrüßt wurden. Wir waren durstig und entschieden uns für eine Portion Wassermelone, die wir uns teilen wollten. Als die kam, waren wir froh, dass wir nicht zwei Portionen bestellt hatten! Es war ein Viertel einer enormen Melone, in der ein entsprechend großes Schlachtermesser steckte. Das übrigens gleichzeitig als Gabel dienen musste. Während wir dem Spiel der Sonnenstrahlen auf den sanften Wellen zuschauten, ließen wir die Eindrücke des Tages auf uns wirken. Wir waren so in Gedanken und in das Gespräch am Nebentisch versunken, dass wir gar nicht bemerkt hatten, wie schwarz die Wolken über San Remo inzwischen waren. Wir verschlangen den Rest der Melone und stiegen wieder aufs Rad.

Imperia

Für mich ist eine Ligurienreise immer eine Art Farbtherapie. In San Remo liebten sie vor allem die hellen Gelbtöne, aber in Imperia trauten sie sich: Unten im Marina-Viertel von Porto Maurizio wetteiferten manche Fassaden mit der Farbenpracht der Bougainvillea. Viele Treppenstufen weiter oben, in der Altstadt beim Dom, herrschten Töne aus dem roten Farbspektrum vor, außer bei der Galerie, der Logge di Santa Chiara, deren Arkaden hell gehalten waren, was in Kombination mit dem azurblauen Meer einfach wunderbar aussah. Dies war ein Ort, der zum Träumen einlud. Diese Ruhe und der Ausblick!

Obwohl, ruhig war es überall in Porto Maurizio. Auffallend ruhig. Wir hatten es viel quirliger in Erinnerung, was daran gelegen haben konnte, dass wir damals eher abends unterwegs waren, als die Restaurants und Pizzerien geöffnet hatten. Jetzt trafen wir nur ab und zu auf eine Bar, die offen war, aber dafür waren sie alle herrlich authentisch.

Von der Logge führten Treppen hinunter, vorbei an den blühenden Gärten der verwunschenen Häuser in Steilhanglage. Und immer sahen wir das Meer im Hintergrund. Dies war eindeutig das beste Wohnviertel. Der Treppenweg brachte uns direkt zur Küstenstraße, wo wir mit Panoramablick auf den Bus warteten. Wir wollten nach Oneglia, dem nichttouristischen Stadtteil Imperias, um unter den Arkaden der Piazza Dante eine Kleinigkeit zu essen. Dort genossen wir die einfachen, aber vorzüglichen Panini und die Aussicht auf das kleinstädtische Treiben.

Cervo

Mit dem Bus ging es bequem weiter zu einem kleinen romantischen Ort direkt an der Küste. Er liegt an einem Berghang, wodurch er schon aus der Ferne zu erkennen war. Die charakteristische Kirche, die die Häuser überragte, räumte auch unsere letzten Zweifel aus: Dies war eindeutig Cervo!

An dieser Kirche finden regelmäßig Konzerte statt, sogar ein internationales Festival der klassischen Musik. Die Akustik soll durch die Hanglage einzigartig sein. Leider hatten wir noch nie die Gelegenheit, dabei zu sein, aber auch ohne Musik war dieses autofreie Dorf mit seinen farbigen Gassen traumhaft. Alles war restauriert und in warmem Gelb und erdigen Rottönen gehalten. Wir fanden schon bald unser Lieblingscafé mit Meerblick wieder, auf dessen Terrasse wir uns den Rest des Nachmittags von der Sonne verwöhnen ließen.

Auch in Cervo war nicht zu merken, dass wir uns mitten in der Hochsaison befanden. Wahrscheinlich drängelten sich alle Touristen in den Cinque Terre beziehungsweise auf den Bahnsteigen der Cinque-Terre-Dörfer. Aber das wussten wir zu dem Zeitpunkt noch nicht, denn die *Levante*-Küste östlich von Genua war erst für die Woche darauf geplant. Jetzt blieben wir noch eine Weile an der Blumenriviera.

Die Blumenriviera

Außer in den berühmten botanischen Gärten Hanbury in Ventimiglia entdecken Besucher der Blumenriviera nicht besonders viele Blumen. Natürlich blühen überall Oleander und Bougainvillea, aber das ist in der Mittelmeerregion ja keine Seltenheit. Woher also der Name?

»Die Blumenriviera ist eine Reise wert.« Das klingt nun mal einladender als: »Das milde Klima der Riviera ist optimal sowohl für Ihren Urlaub als auch für die Blumenzucht. Wir bitten Sie um Verständnis für die Gewächshäuser, die Teile der Landschaft in der Küstenregion verschandeln.«

Die Palmenriviera

Nördlich von Imperia beginnt die Palmenriviera, von der wir ehrlich gesagt noch nie gehört hatten. Dieser Abschnitt der ligurischen Küste setzt ihr Markenzeichen anscheinend nicht werbewirksam ein, was wir nicht verstehen konnten, zumal die Palmenriviera tatsächlich hält, was sie verspricht: Überall zieren üppige Palmenanlagen die Strandpromenaden. In Finale Ligure spazierten wir vom Bahnhof zur Altstadt von Finale Marina, wo der Boulevard schon fast einem Palmenwäldchen glich.

Finale Ligure

Der Strand war für ligurische Verhältnisse ziemlich ausgedehnt. Trotzdem war der Ort nicht von Touristen überlaufen. Im Gegenteil, es war ziemlich ruhig, die Straßencafés kaum besetzt. Und das lag bestimmt nicht an ihrem Angebot! Der Cappuccino war perfekt, und auch der Lunch war köstlich. Außerdem genossen wir die Aussicht auf die herausgeputzte Piazza, an deren restaurierten Fassaden aufgemalte Stuckelemente und blinde Fenster zu erkennen waren, wenn man genau hinsah.

Vor dem enormen Triumphbogen zum Meer hin wurde gerade eine Bühne für die Sommerveranstaltungen errichtet. Der Bogen passte überhaupt nicht zu dem Baustil, aber nicht nur der brachte mich in Finale Ligure aus dem Konzept. Irgendwas stimmte hier nicht. Als ob wir uns in einer anderen Region befänden, in einem Bergort vielleicht. Die fröhliche Leichtigkeit eines ligurischen Badeortes fehlte. Die Gebäude mit ihren Arkaden wirkten eher plump, von den absurd zierlichen Balkonen mal abgesehen. Solide Bauten in Brauntönen, sobald wir uns vom pastellfarbenen Hauptplatz entfernten. Eine Stadt, in der die Nähe zum Felsmassiv deutlich spürbar war. Es ist in der Tat eine Mischung aus Berg- und Badeort. Durch diese besondere Lage ist Finale Ligure übrigens nicht nur ein wahres Paradies für Sonnenanbeter, sondern auch für Kletterer und Mountainbiker.

Leider mussten wir uns am Nachmittag entscheiden, welchen Ort wir noch besuchen wollten. Schweren Herzens entschieden wir uns gegen Finalborgo, den mittelalterlichen Stadtteil landeinwärts, und nahmen den Bus nach Varigotti, einem eigenwilligen Küstenort.

Varigotti

Zuerst ärgerten wir uns, als sich herausstellte, dass wir viel zu früh ausgestiegen waren. So ein negatives Gefühl konnte sich auf der munter blühenden Promenade allerdings nicht lange halten. Welch eine Pracht an diesem strahlenden Tag im August!

Varigottis Strand mit seinen alten, sonnenblumengelben Häuschen hatte uns neugierig gemacht. Als wir das Dorf erreichten, wollten wir lieber am Strand entlanggehen anstatt an der Hauptstraße. Wir nahmen die erste Gasse, und schon waren wir am Strand. Und zugleich geschockt: Der ganze Strand war mit Liegen und Sonnenschirmen zugestellt und die einzelnen Strandbäder zusätzlich durch Zäune voneinander abgetrennt.

So blieb uns – als Alternative zur Hauptstraße – nur übrig, an der Wasserlinie entlangzugehen, um an das andere Ende des Dorfes zu gelangen. Als wir das schließlich erreicht und den Trubel hinter uns gelassen hatten, fanden wir ein wunderbares Plätzchen an einem Kiosk. In der entspannten Atmosphäre mit Meerblick begannen wir, uns langsam an den Ort zu gewöhnen und die schönen Seiten zu entdecken.

Die Fotos, die uns nach Varigotti gelockt hatten, waren natürlich außerhalb der Saison entstanden und hatten uns ein liebenswertes, uraltes und verträumtes Dorf mit breitem Sandstrand präsentiert. Während wir den Kern des überschaubaren Ortes erkundeten, entdeckten wir genau diese Verträumtheit. An jeder Ecke erwarteten uns Bäume, blühende Büsche oder Bogengassen zum Meer. Jeder kleine Platz, umgeben von alten rosafarbenen oder gelben Häusern, strahlte eine ansteckende Ruhe aus. Hier und da eine Palme und ein Ruderboot, wo vereinzelt Leute verweilten, manche im Gespräch, andere auf Mäuerchen sitzend, der Sonne zugewandt. – Der ideale Ort für Liebhaber des *Dolce far niente*, des herrlichen Nichtstuns, da waren wir uns einig.

Im Gebirge

Obwohl wir Küstenmenschen sind, reizten uns die Ligurischen Alpen schon. Also mieteten wir für einen Tag ein Auto und durchkreuzten das ganze Gebiet nördlich von Ventimiglia. Zuerst besuchten wir in der Nähe des Dorfes Torri die Öko-siedlung Torri Superiore, denn diese Initiative hatte unser Interesse geweckt. Da immer mehr Leute die abgelegenen Gegenden verlassen und die Häuser leer stehen, hat sich eine Gruppe zusammengeschlossen, um diese Siedlung vor dem Verfall zu retten.

Torri Superiore

Abgelegen ist es wirklich. Allerdings auch unglaublich grün und bergig. Als Erstes begegneten wir einer jungen Joggerin, schweißgebadet und mit Ohrhörern. Der Kontrast zum Outfit des nächsten Passanten hätte nicht größer sein können. Der freundliche Freak trug einen Schlapphut, lange Hosen und lange Ärmel, war aber barfuß unterwegs. Er kam gerade aus dem Tal mit terrassenförmigen Gärten und Feldern, und schleppte sich mit einem Rucksack ab, in dem sich wohl die Ernte des Tages befand. Unten, wo man normalerweise den Schlafsack am Rucksack befestigt, befand sich jedenfalls eine übervolle Kiste Gurken.

Er verschwand mit seiner Last in einem Haus, aus dem Geschirrgeklapper kam, das sich unter das fröhliche Lachen und Stimmengewirr auf der Dachterrasse mischte. Es war gerade Mittagszeit und die Terrasse voller Leute. – Eine Traumvorstellung! Warum hatten wir uns nicht vorher angemeldet? Vielleicht hätten wir ja mitessen können. Hier kann man nämlich Appartements mieten und den Urlaub verbringen. Ein idealer Ort für Naturliebhaber! Und wenn Strand oder Stadtleben locken: In einer halben Stunde ist man in Ventimiglia.

Dolceacqua

Unsere Tour ging weiter nach Nordosten, Richtung Apricale. Das touristische Dorf Dolceacqua war eigentlich nicht eingeplant gewesen, aber als wir dort vorbeikamen, siegte doch die Neugier. Allein die Lage war schon einen Stopp wert. Da der Ort wider Erwarten überhaupt nicht überfüllt war, konnten wir in aller Ruhe durch die mittelalterlichen Bogengassen schlendern. Dort sehnten wir uns jedoch schon bald nach Licht und Leben. Beides fanden wir auf dem einfachen, aber schönen Platz an der Kirche, wo wir auf der Terrasse eines Cafés die Atmosphäre genossen, bevor wir auf Motivsuche gingen. Das Highlight stellt die einzigartige Brücke dar, die der Maler Monet weltberühmt gemacht hat. Ein einzelner zierlicher Bogen überspannt den Fluss mit einer Weite von über dreißig Metern. Eine bewundernswerte bauliche Leistung und ein faszinierendes Fotomotiv, vor allem die Perspektive, die einem auf dem Rückweg geboten wird.

Apricale

Nach diesem überraschend positiven Erlebnis setzten wir unsere Fahrt fort und folgten den Serpentinen, die zum mittelalterlichen Bergort Apricale führen. Die Lage auf dem Gipfel beeindruckte uns schon während der spektakulären Anfahrt, aber auch die offenere Bauweise gefiel uns. Apricale gehört nicht umsonst zu den *Borghi più belli d'Italia*, den schönsten Dörfern Italiens. Auf der romantischen Piazzetta angekommen, befanden wir uns plötzlich mitten in einem merkwürdigen Ballturnier. Eine Folkloreveranstaltung war es nicht, denn es waren Profis, die sich einen harten Kampf lieferten. Die Fensterscheiben waren gesichert, aber so maches Mal flog der kleine Ball bergabwärts. Die Regeln blieben uns ein Rätsel, aber wir fanden heraus, dass es gerade in der Gegend professionelle Vereine gibt, die das antike Pallapungo spielen.

Leider drückten die drohenden Regenwolken ihren Stempel auf meine Fotos und irgendwann auch auf unsere Stimmung. Die Vorstellung, im strömenden Regen zurückfahren zu müssen, ließ uns fluchtartig das Auto aufsuchen. Glücklicherweise blieb uns der Regen erspart, denn wir hatten uns gerade für eine abenteuerliche Strecke nach San Remo entschieden, als auf der viel zu schmalen, kurvenreichen Straße ein Warnschild ankündigte: »3,5 km keine Leitplanken.« Ich glaube, ich habe die ganze Strecke über die Luft angehalten, nicht nur bei Gegenverkehr. Am Ende wollte ich gerade erleichtert aufatmen, aber da kam schon das nächste Schild: »3,5 km keine Leitplanken.« Völlig fertig erreichten wir San Remo und waren froh, dass wir die nächste Zeit wieder mit Zug, Boot und Bus unterwegs sein würden.

Chiavari

Am nächsten Tag zogen wir um nach Chiavari, das an der *Riviera di Levante* liegt, der Küste östlich von Genua. Touristen trafen wir im authentischen Chiavari höchstens bei den schicken Arkadengängen mit ihren Boutiquen. Und in dem Park mitten im Zentrum begegneten wir nicht mal Einheimischen, denn dort waren wir die einzigen Besucher. Dabei hatte er durch seine Hanglage und üppige Vegetation einen besonderen Reiz.

Wir fühlten uns immer ein bisschen verloren in diesem Städtchen. Das Beste an ihm war die Lage. Von hier aus konnten wir nämlich die ganze Küstenregion mit Zug oder Schiff erreichen. In das Nachbardorf Lavagna fuhren wir immer mit dem Fahrrad.

Lavagna schlossen wir sofort ins Herz. Es gilt bei Italienern als beliebter Badeort, für uns war es jedoch vor allem ein einladender Ort, dessen Bewohner genau die Lebensfreude und Gastfreundschaft ausstrahlten, die wir in Chiavari vermissten. Auf der Terrasse des Restaurants Sole e Luna begrüßte die Bedienung uns ebenso herzlich wie ihre Nachbarn, die von der Arbeit nach Hause kamen und sich an den Tischen vorbeischlängeln mussten, um ihre Haustür zu erreichen. Auch in dem Lokal, wo wir spätabends noch einkehrten, wurden wir wie Freunde empfangen. Wir setzten uns in den Garten und bestellten zwei Limoncello. Es kamen zwei leere Gläser, was uns verwunderte. Anschließend brachte der Kellner eine Flasche Limoncello: »Nehmt euch einfach, so viel ihr wollt.« Wann hatten wir so etwas zuletzt erlebt? Schon lange her und auch noch nicht sehr oft. Obwohl wir uns doch meistens abseits des Massentourismus bewegen.

A proposito Massentourismus. Da wir schon mal an der Levante-Küste waren, wollten wir die weltberühmten Orte nicht auslassen, auch wenn sie die Massen anziehen: Portofino hatten wir noch nie live erlebt, und die Cinque Terre sind immer wieder schön. Für eine Überraschung sorgten beide.

Portofino

Von Sestri Levante nahmen wir das Boot nach Portofino. Auf der Fahrt dorthin steuerte es erst eine Badebucht an, an der die Abtei von San Fruttuoso liegt. Während alle zum Strand gingen, erkundeten wir die gastronomischen Möglichkeiten in dieser märchenhaften Landschaft. Die Lage war spektakulär. Dass hier Leute lebten, konnten wir uns kaum vorstellen, denn hierher führte überhaupt keine Straße, nur ein gefährlicher Wanderweg. Die Kinder mussten also mit dem Schiff zur Schule, und bei stürmischem Wetter fiel die Schule für sie eben aus. Die betagten Senioren, die von ihren Fenstern aus das Geschehen beobachteten, hatten ihr Dorf wahrscheinlich schon lange nicht mehr verlassen.

Anschließend ging es weiter nach Portofino. Als wir in die Bucht einbogen, merkte ich, wie aufgeregt ich wurde. Dieses Jetsetdorf mit dem höchsten Pro-Kopf-Einkommen Italiens war uns immer unsympathisch gewesen, sodass wir es links liegen gelassen hatten.

Egal, wie unsympathisch die Leute hier sein würden – dieser Anblick war ein Traum: rechts und links die saftig grünen Berge und das Wasser tiefblau. Die Sonne des späten Nachmittags ließ die gelben Fassaden glühen und die Blumen in warmen Farben leuchten. Es war nicht viel los, und wir fanden sogar Ecken, wo wir niemandem begegneten. Außer auf der Terrasse, wo es Pizza und Eis zu völlig normalen Preisen gab, strahlte der ganze Ort eine angenehme Ruhe aus. Eine Gelassenheit, an die wir uns gewöhnen könnten.

Cinque Terre

Zweifelsohne sind diese Dörfer liebenswert. Schon allein die Lage ist wunderbar, und die Landschaft mit ihren Weinhängen und Olivengärten lädt zum Wandern ein. Nun gibt es in Ligurien jedoch so viele schöne Orte in attraktiver Lage, dass ich mir nicht erklären kann, warum halb Amerika und ganz Asien dorthin kommt, um ausgerechnet diese fünf zu bewundern. Es ist wahrscheinlich einfach eine Frage des Marketings. Dörfer dieser Größe haben meistens noch etwas Ursprüngliches, aber zur Hochsaison kann man das bei den Cinque Terre wirklich nicht entdecken. Trotzdem haben wir uns vergnügt. Außer auf den Bahnhöfen. Die Züge fuhren diesen Sommer sehr unregelmäßig, sodass wir die meiste Zeit mit Warten auf überfüllten Bahnsteigen der verschiedenen Cinque-Terre-Dörfer verbrachten. Aber die Erfahrung hatte auch was Gutes. Denn auf der Suche nach Alternativen entdeckten wir, dass es ein Schiff gab, das uns erstens von dort wegbringen und zweitens uns die Cinque Terre mal aus einer anderen Perspektive zeigen würde.

Levanto

So landeten wir ungeplanterweise in Levanto, einem lebendigen Badeort, den wir gleich sympathisch fanden, was leider nicht auf Gegenseitigkeit beruhte. Im Restaurant wurden wir regelrecht abgefertigt. Hinzu kamen die einheimischen Radfahrer, die andauernd genervt klingelten, wenn Fußgänger entspannt – mit oder ohne Buggy – durch den Ort schlenderten. Da das Klingeln in den meisten Fällen nichts half, wurden manche Radfahrer richtig aggressiv.

Sestri Levante

Solche Situationen wären in Sestri Levante undenkbar gewesen. Jedenfalls in der verwunschenen Altstadt, die auf einer Landzunge sozusagen im Meer liegt. Das Leben folgte hier einem sehr gemächlichen Rhythmus. Nur an den beiden Stränden herrschte Trubel. Ein angenehmer Trubel, aber so lebhaft, dass wir noch heute rätseln, welcher der beiden denn wohl der sogenannte Spiaggia del Silenzio, der Strand der Stille, gewesen ist.

Genua

Ligurien ist eine ideale Region für Urlauber, die Meer, Berge und gutes Essen lieben. Aber auch Leute, die das Stadtleben suchen, kommen auf ihre Kosten, denn Genua ist eine Großstadt mit Charakter. Obwohl wir nur Schwärmereien gehört und schon einiges Interessantes gelesen hatten, fiel es uns nicht leicht, die Metropole zu umarmen. Dazu brauchten wir ein paar Tage. In der Zwischenzeit verliebten wir uns allerdings schon mal in die einzigartigen Bezirke Nervi und Boccadasse. Ihre Lage am Meer ist augenscheinlich die einzige Gemeinsamkeit. Es sind zwei grundverschiedene Oasen, deren bestechendem Charme wir sofort erlagen, obwohl sie nicht im herkömmlichen Sinne schön zu nennen sind. Was sie vergleichbar macht, ist die Tatsache, dass sich in beiden nicht erahnen lässt, dass sie Teil einer großen Industrie- und Hafenstadt ausmachen.

Den dunklen Altstadtgassen Genuas mit ihren schwarzen Fassaden konnten wir bis zum Schluss nichts abgewinnen. Uns zog es eher zum Licht. In dem Punkt hat Genua einiges zu bieten, denn die bergigen Wohnlagen und Aussichtspunkte konnten wir einfach mit Aufzügen erreichen. Wenn wir mal versuchten, zu Fuß hinunterzugehen, verliefen wir uns allerdings garantiert, denn in den Straßen, die sich umständlich bergabwärts schlängelten, verloren wir schon bald jegliche Orientierung. Dafür lernten wir ein völlig anderes Genua kennen, nicht nur das touristische. Nicht, dass uns das nicht gefallen hätte. Auch dort ließen wir es uns gut gehen. Auf den lebhaften Plätzen im Zentrum haben wir wunderbare Stunden verbracht.

Ligurien eignet sich optimal für einen entspannten Urlaub. Langweilig wird es nie. Was auch für das Essen gilt, denn die ligurischen Spezialitäten bereichern die italienische Küche enorm. Und die Entspannung hält an: Die Sonne und die warmen Farben, die wir getankt hatten, ließen uns den nächsten Winter gut überstehen.

2

Gegensätzlicher geht's kaum

Capraia und Elba

Von Elba dachten wir immer, es sei für unseren Geschmack zu touristisch. Und zu langweilig, denn wir sind keine wirklichen Strandmenschen. Strand ist für uns okay, wenn es dort eine schattige Bar gibt, aber wir halten uns nie den ganzen Tag am Strand auf. Elba ließen wir also lange links liegen. Bis wir mal irgendwo eine Reliefkarte hängen sahen. Die war doch ziemlich beeindruckend! Also haben wir die Insel für die nächste Toskanareise eingeplant. Aber auch einen Gegenpol, nämlich die kleine Insel Capraia, die ganz im Norden des Toskanischen Archipels liegt. Und leider viel näher an Korsika als an der italienischen Küste. Ein Tagesausflug lohnt sich kaum, denn dann sitzt man länger auf der Fähre als im Café auf der Insel. Den Hafenort von Capraia hat man wahrscheinlich schnell erkundet, und wenn man mehr unternehmen möchte, muss man dort übernachten.

Wir mailen also der Pension Da Beppone, erhalten jedoch keine Antwort. Auch nicht beim nächsten Versuch. Vielleicht ist es noch zu früh? Das Hotel öffnet bestimmt erst im Mai. Sollte Beppone seine Mail auch erst dann lesen? Schlau wäre es nicht, aber immerhin möglich. Irgendwann geben wir den Plan Capraia auf.

Auf unserer nächsten Reise entlang der toskanischen Küste beschließen wir, doch einen Tagesausflug nach Capraia zu integrieren, und zwar von Livorno aus. Wir fliegen nach Pisa und machen ansonsten mal wieder alles mit öffentlichen Verkehrsmitteln, das heißt mit Bahn und Schiff.

Schon die Überfahrt mit der Fähre entschädigt uns für das frühe Aufstehen. Der Vorteil eines *Traghetto* ist, dass man sich draußen aufhalten kann. Es ist alles andere als überfüllt, sodass wir die Fahrt in Ruhe genießen können. Nach fast drei Stunden ist Land in Sicht! Wir sind gespannt, was uns erwartet.

Bis wir von Bord gehen, können wir uns jedoch schon ein Bild davon machen: Viel wird es nicht sein! Die Insel hat, außer dem Hafenort, offenbar vor allem Grün zu bieten. Sehr viel Grün.

Einmal an Land, brauchen wir nur wenige Schritte zu gehen und schon stehen wir vor Beppones Hotel. Das schauen wir uns natürlich gleich mal von innen an. Es ist klein und gefällt uns auf Anhieb. Auch das Küchenpersonal, das gerade dabei ist, mit Meerblick das Gemüse zu putzen, ist sehr sympathisch. Statt in der Küche zu stehen, sitzen die beiden Damen mitten im Restaurant, das noch geschlossen hat. Wir hätten gern eine Visitenkarte mitgenommen. Als wir darum bitten, reicht uns eine Signora ein eingeschweißtes Erfrischungstuch. Mit den Worten: »Da steht alles drauf.«

Wir bedanken uns und versuchen, das Lachen zu unterdrücken, bis wir draußen sind. Ein Erfrischungstuch! Die weinrote Packung mit dem Erfrischungstuch liegt übrigens noch heute zwischen den Visitenkarten meiner Sammlung.

Das Dorf ist sehr überschaubar. Aber fotogen, das muss man sagen. Insbesondere die zwei gelben Kirchen, die Madonna del Porto und die San Nicola. Auch an der Küste gibt es einzigartige Motive. Von dem Weg aus, der sich vom Hafen den Berg hoch schlängelt, haben wir tolle Aussichten. Im Vergleich zu den Häusern im Dorf erscheint die Fähre wie ein Koloss. Dem Weg wären wir gerne weiter gefolgt, aber irgendwann machen wir kehrt. Erstens haben wir nur ein paar Stunden und zweitens Hunger. Zur Mittagszeit bewegen sich plötzlich alle Tagestouristen auf ein einfaches Restaurant zu. Wir eingeschlossen, obwohl wir solche Lokale nach Möglichkeit meiden. Und doch bereuen wir die Entscheidung nicht.

Wir sitzen draußen auf der Terrasse und lassen uns verwöhnen. Was will man mehr? Okay, wir hätten beim Essen gern das Leben der *Capraiesi* beobachtet. Die sind leider nicht zu sehen. Aber dafür gibt es hier im Restaurant außer uns nur Italiener. – Herrlich, dieses fröhliche Durcheinander! Nachdem die Bedienung hektisch, aber routiniert die ersten zwei Gänge serviert hat, kehrt eine erholsame Stille ein.

Schade, dass wir nicht länger bleiben können, uns bei Beppone einmieten, bis zum Abend einen Spaziergang entlang der Steilküste machen und am nächsten Tag eine Bootstour zur berühmten Cala Rossa und den Grotten. Viel länger würden wir es dort jedoch nicht aushalten, denn bei den nur vierhundert Einwohnern wäre es uns auf Dauer zu langweilig. Naturfreaks und Taucher kommen hier bestimmt auf ihre Kosten, aber wir brauchen mehr Trubel.

Den finden wir später auf Elba. Unser Hotel liegt mitten in Portoferraio, der Hauptstadt. Am Hafen wartet praktischerweise schon ein Shuttlebus, der uns in die Altstadt bringt. Jedenfalls bis zum Stadttor, der *Porta a Mare* am Jachthafen. Von dort aus sind wir im Nu an einem großzügig angelegten Platz, an dem unser kleines, aber traditionsreiches Hotel liegt.

Am Jachthafen und in der Altstadt tobt das Leben, aber der Stadtlärm dringt nicht bis hierher vor. Dass viele Touristen unterwegs sind, fällt allerdings erst abends auf. Die Restaurants sind dann gut besetzt, und es wird flaniert. Jeden Abend, sobald es dunkel ist, werden entlang der Flaniermeile Stände mit Schmuck und Kunsthandwerk aufgebaut.

Heute Abend flanieren wir nicht, denn wir gehen zum *Cinema sotto le stelle*. Wir lieben das sogenannte Kino unter den Sternen. In Portoferraio befindet es sich in der Arena neben dem

Torre del Martello, dem Hammerturm, am Hafen, direkt an der Öffnung zum Meer. – Eine tolle Lage! Bei dem ungewöhnlichen Turm hat man die Überreste des Fundaments einer Villa freigelegt, die aus der Römerzeit stammen. Die archäologischen Funde und der Turm sind zu besichtigen. Im Laufe der Jahrhunderte hat der Hammerturm so einiges mitgemacht. Erst sollte er der Verteidigung dienen, später war er Vorratsraum für Salz. Dann wurden die Thunfische darin aufbewahrt und im 18. Jahrhundert die Gefangenen.

Wir sind schon auf den Open-Air Kinoabend gespannt. Der beginnt natürlich erst, wenn die Sonne untergegangen ist. Unsere italienischen Grundkenntnisse reichen nicht aus, um einen Film wirklich zu verstehen, aber davon lassen wir uns nicht abhalten. Es geht um das Erlebnis an sich. Die Atmosphäre. Die Leute gehen zu zweit aus oder treffen sich mit Freunden. Die herzliche Begrüßung, die Diskussion um die Getränke, das ständige Umsetzen, bis die richtige Position gefunden ist und die erste Zigarette angezündet werden kann – das ist so interessant zu beobachten. Vor allem die herausgeputzten Frauen, die ihre schulterfreien Tops nicht mit einer Strickjacke verdecken möchten. Und aus dem Grund auch gleich darauf verzichtet haben, ein Jäckchen mitzunehmen. Nach einer halben Stunde sind sie immer durchgefroren. Heute dauert es keine zehn Minuten, denn der Wind hat hier am Wasser freies Spiel.

Das Faszinierende ist, dass wir für einen abwechslungsreichen Urlaub die Hauptstadt Elbas nicht verlassen bräuchten. Wir besichtigen die Burg am Strand kurz vor Sonnenuntergang, wenn sie im goldenen Licht badet. Eines Nachmittags entscheiden wir uns für Napoleons Domizil in Toplage und versuchen, in der Ferne Korsika auszumachen. Bei klarer Sicht konnte Napoleon es erkennen, aber wir sehen in dieser glühenden Sommerhitze in erster Linie Grauschleier. Gleich nebenan befindet sich sogar ein kleiner Strand, was in Portoferraio nicht ungewöhnlich ist, denn es gibt gleich mehrere Strände zur Auswahl. Sozusagen in der Stadt! Drei davon besuchen wir.

Da wäre der Kieselstrand Le Ghiaie am Fuß der Burg Falcone, an dem wir gerne im warmgelben Abendlicht zu Abend essen. Am romantisch gelegenen Strand Padulella herrscht eine derart familiäre Stimmung, dass wir uns dort schon fast als Störenfriede vorkommen. Der beliebteste Strand ist offenbar Capo Bianco, der unterhalb blendend weißer Klippen liegt und über Stufen zu erreichen ist. Allerdings brät man dort, weil der Strand durch die hohen Klippen besonders windgeschützt liegt.

Beim Fährhafen befindet sich der Busbahnhof. Die Busse fahren zu den größeren und kleineren Orten sowie zu einigen Stränden. Ein Auto brauchen wir hier wirklich nicht. Wir finden den Strand Biodola am schönsten, auch wenn er einigermaßen touristisch ist. Das stört uns nicht bei dem Anblick des gelben Sandstrandes, türkisblauen Wassers und der Berglandschaft in der Ferne.

Der Ort Marciana liegt mehr im Landesinneren und wird in erster Linie besucht, weil von dort eine Seilbahn zum Hausberg Monte Capanne geht. – Was heißt ›geht‹? Die Stehkabinen schweben geräuschlos dahin. Immer in Bodennähe, wodurch wir unbemerkt tausend Meter Höhe erreichen. Wer nicht denselben Weg zurück nehmen möchte, sollte Wanderschuhe anziehen, denn die Wanderung vom Gipfel hinunter nach Poggio hat es in sich. Das kleine, verwinkelte Bergdorf Poggio ist für uns ein optimaler Ort für das *Dolce far niente*. Ein Besuch lohnt sich also immer. Im Besonderen aber für Leute, die sich für Kirchen interessieren. Das schöne Gotteshaus San Defendente im unteren Teil des Ortes hat im Prinzip immer vormittags geöffnet. Falls man Pech hat oder wie wir während der Siesta vorbeikommt: einfach bei der Piazza San Defendente 5 anklingeln. Dort liegt nämlich der Schlüssel.

Ansonsten besuchen wir die kleinen Strände Cavola und Fetovaia in Marina di Campo. Bei einem der beiden schwimmen wir im Glitzermeer. Rötliche Teilchen funkeln im ansonsten glasklaren Wasser! Sollte es an der Bodenbeschaffenheit liegen? Ist es vielleicht Staub vom Roteisenerz? Schon die Etrusker bauten bei Rio Marina Eisenerz ab, um aus dem Eisen Waffen herzustellen. Die Hauptstadt der Insel heißt nicht umsonst Portoferraio, der Eisenhafen.

Im Osten der Insel trifft man immer wieder auf Loren, die vom Bergbau zeugen. Der Mineralienpark ist bestimmt auch interessant, aber wir können nicht alles schaffen. Auf Elba gibt es einhundertfünfzig verschiedene Mineralien. Sammler können auf den Wanderwegen entlang der Küste bei Capoliveri, statt auf die zauberhafte Küstenlandschaft, am besten zu Boden schauen, denn dort sind angeblich schöne Stücke zu finden.

Alle netten Orte an der Küste sind natürlich touristisch, jeder auf seine eigene Art. Das romantische Capoliveri zieht Lebensgenießer an. Porto Azzurro ist schnuckelig, hat aber eine ganze Straße mit Läden für Touristen. Marciano Marina ist angenehm normal. Das Wahrzeichen ist die Hafenmauer mit dem alten Turm. Außerdem hat es ein *Stabilimento balneare* zu bieten: ein Strandbad, bei dem der Strand jeden Morgen geharkt wird und wo man Liegen und Sonnenschirme mieten kann. – Die Preise dafür erscheinen vielleicht hoch, doch bei den Temperaturen im Sommer sind Sonnenschirme sicher kein überflüssiger Luxus. Zur Abkühlung genügt es nämlich nicht, den Namen des Strandbades zu visualisieren. – Wie es sich nennt? *Capo Nord,* das Nordkap.

A proposito Hitze. Unser Hotel hat keine Klimaanlage. Das offene Fenster nachts ist also eine gute Idee, denn der Autoverkehr ist nicht nennenswert. Es kühlt zwar erst spät nachts ab, aber immerhin können wir wenigstens dann ein paar Stunden schlafen. – Theoretisch jedenfalls. Nachdem die Luft im Zimmer abgekühlt ist und wir uns endlich im Tiefschlaf befinden, kommt nämlich die Müllabfuhr ... Und die hat an dem großen Platz bei uns ziemlich viel zu tun. Deswegen kommt sie auch jede Nacht. Dann schließen wir das Fenster immer. Später stehe ich auf, um es zu öffnen, lege mich wieder hin und hoffe, einschlafen zu können.

Außer heute Nacht, da hat es wirklich keinen Zweck mehr. Es ist schon hell genug, um zu erkennen, was über den Fußboden quer durchs Zimmer rennt. Auch, wie riesig es ist! Es gelingt uns jedoch nicht, es aufzuspüren und auszuschalten. Da wir nicht wissen, was Riesenkakerlake auf Italienisch heißt, sage ich am nächsten Mogen an der Rezeption, dass wir *Insetti grandi* im Zimmer hätten. Sie wissen offensichtlich sofort, welche großen Insekten wir meinen. Die Antwort lautet schlicht: »Wir kümmern uns drum.«

3
Gente di mare

Sardinien

Alghero ist ein guter Ausgangspunkt für kurze Trips per Auto, Bus, Boot oder Fahrrad. Uns wäre Fahrrad fahren zu heiß gewesen, aber wir begegnen Radfahrern, die vor den zehn Kilometern zu einem der schönen Strände zwischen Alghero und Capo Caccia nicht zurückschrecken. Das Capo Caccia ist eine bergige Landzunge, die von der Promenade I Bastioni in Algheros Altstadt zu sehen ist. Vor allem beim Sonnenuntergang ist es der Blickfänger schlechthin.

Capo Caccia

Obwohl es Kap der Jagd heißt, ist genau das dort verboten. Das zeigen die zahlreichen Schilder »Divieto di caccia«. Später lesen wir in einem Zeitungsartikel, dass es dadurch inzwischen eine enorme Wildschweinplage gebe, die nicht mehr in den Griff zu bekommen sei. Nicht nur, dass die Wildschweine sich bis auf die Terrassen der Ferienhäuser vorwagen würden, sie würden auch die Gärten und die Ernte der Bauern zerstören.

Wir wollen jedoch weder jagen noch Wildschweine beobachten, denn wir sind wegen der Grotta di Nettuno gekommen. Die Grotte liegt praktisch unter dem Capo und ist über eine Treppe zu erreichen. Die Sonne brennt, und die Treppe ist steil. Da wir jedoch auf dem Weg nach unten sind, macht uns nur die Hitze zu schaffen. Als ich manche Leute sagen höre »Ach, Fotos mache ich nachher. Auf dem Rückweg müssen wir ja sowieso alle paar Meter stehen bleiben«, denke ich: ›Stimmt, da ist was dran.‹ Trotzdem fotografiere ich schon mal die gewaltige Treppe von oben. Wer weiß, ob ich den Aufstieg überlebe.

In dem Moment hören wir, wie ein Junge, der uns entgegenkommt, laut die Stufen zählt. – Und schon bei fünfhundertzwanzig ist! Wie auf Kommando drehen wir um. Und gehen wieder hoch. Es gibt nämlich auch Boote, die zur Grotte fahren. Das erscheint uns die beste Lösung. Auf der Fahrt hierher haben wir einen Wegweiser gesehen: »Strand und Boot zur Grotte.« Wir fahren also zurück und erreichen eine sehr kleine Bucht mit guter Strandbar. Nachdem wir uns dort installiert haben, lassen wir uns von dem Glitzern auf den sanften Wellen hypnotisieren und versinken in einen Entspannungszustand, der uns die Grotte fast vergessen lässt. Beim Essen beschließen wir halbherzig, uns später doch mal nach dem Boot zu erkundigen. – Und was stellt sich heraus? Dass wir gar keine Entscheidung mehr fällen brauchen. Das Boot fährt nicht von hier. Jedenfalls nicht heute.

Auch gut. Dann besuchen wir eben den Traumstrand Le Bombarde. Der liegt nur ein paar Kilometer entfernt, zwischen Pinienwald und Meer. Weißer Strand und azurblaues Wasser ist immer eine gelungene Kombination. Dazu ein paar Segelboote und in der Ferne die Altstadt von Alghero. Da die Wildschweine sich bei der Hitze auch mal abkühlen möchten, schwimmen sie schon mal eine Runde im Meer, aber an dieser Stelle ist ihnen wahrscheinlich zu viel los, denn hier badet kein Schwein.

Massenhaft

Die Wildschweinproblematik ist uns ein Rätsel geblieben. Genau wie die unsichtbaren Schafe und Flamingos. Wenn jetzt die Anzahl der Wildschweine viermal über der Norm liegt, könnte man doch das Jagen erlauben oder einen Teil schlachten und lecker zubereiten. Wildschwein, *Cinghiale*, ist schließlich ein beliebtes Gericht. Aber mit allem, was beliebt ist, gehen die sardischen Restaurants offenbar sparsam um.

Wenn ich zum Beispiel höre, dass es auf Sardinien mehr Schafe als menschliche Einwohner gibt, freue ich mich schon aufs Essen. Ich liebe alle Variationen von Lammgerichten. Auf den Speisekarten sind diese allerdings nur selten zu finden. Inzwischen glauben wir sowieso nicht mehr an fünf Millionen Schafe. Auch dieses Jahr begegnen wir kaum welchen. Wir sehen hier sogar mehr Pferde als Schafe. Das deckt sich zwar nicht mit den Informationen unseres Reiseführers, dafür aber umso mehr mit den Speisekarten. Pferdefleisch wird viel öfter angeboten als Lamm.

Dass uns nur ein paar Schafe über den Weg laufen, kann natürlich an der Jahreszeit liegen. Mit dicken Pullovern aus reiner Schurwolle würden wir uns auch nicht raus wagen. Diesen Sommer hat Sardinien es geschafft, die Temperaturen von Sizilien zu toppen!

Die Flamingos kommen erst im Herbst, um auf Sardinien zu überwintern. In den Gewässern bei Cagliari, in denen sie sich dann zu Zehntausenden drängeln, staksen jetzt nur vereinzelte im Wasser herum. Schade, aber wir finden uns mit der Tatsache ab. Bis wir in der Zeitung lesen, dass gerade fünfhundert dieser *Fenicotteri* beringt worden seien, um sie zurückverfolgen zu können, und zwar bei Cagliari!

Dolce far niente

Sardinien ist das Urlaubsparadies der Italiener. Sie lieben den Strand. Und genau dort treffen wir sie an. Im Landesinneren eher nicht. Wir haben in den Städten Alghero, Cagliari und Olbia gewohnt und jeweils von dort aus die Umgebung erkundet. Die meisten Italiener mieten für den ganzen Urlaub eine Wohnung oder ein Ferienhaus an der Küste. Und vergnügen sich am Strand. Auch hohes Alter hält sie nicht von dieser Gewohnheit ab. Von morgens früh, wenn es noch ziemlich frisch ist, bis zum frühen Nachmittag genießen sie das Strandleben. Sie lernen schon bald die Leute von der Nachbarliege näher kennen und unterhalten sich. Die ganz Harten mieten keine Liege, sondern kuscheln sich an die Felsen. Auch sie finden offenbar schnell Anschluss.

Heute liegen wir in Alghero am Strand der Italiener. An einer felsigen Küste ist mithilfe von Holzböden eine Möglichkeit geschaffen worden, Liegen und Sonnenschirme aufzustellen. Und eine vorzügliche Strandbar. Weil es nur ein kleines Strandbad ist, sind wir schon früh gekommen, um noch eine Liege zu ergattern. Obwohl auch die Einheimischen dieses Strandbad besuchen, ist es hier um einiges teurer als an den anderen Stränden, was aber auch mit der Wasserqualität zusammenhängen kann. Der Name Algheros könnte es schon vermuten lassen: Es gibt hier viele Algen. Und die riechen. Vor allem, wenn die Sonne vom Himmel brennt. Und das tut sie!

An unserem Strand ist von dem penetranten Geruch glücklicherweise nichts zu merken. Morgens sind wir mit Abstand die Jüngsten. Von unseren Liegen aus beobachten wir die Leute, wie sie über die glitschigen Steinplatten schlittern, um ins tiefere Wasser zu gelangen. Ich kann das gar nicht mit ansehen! Wenn die fallen, brechen sie sich wirklich die Knochen. Immer wieder muss ich wegschauen. Denn sie sind über achtzig und haben sich zwischen den Felsen versammelt. Sonnenschirme benutzen sie nicht.

Selbst mit Sonnenschirm gehen wir fast ein und sind die ganze Zeit damit beschäftigt, alle Körperteile in den Schatten zu ziehen, bevor sie anfangen, zu brutzeln. Dabei beobachten wir ein Grüppchen, das die komplette *prima Fila* gemietet hat. Aha, Stammgäste – deswegen durften wir nicht in die erste Reihe.

Wir vermuten, dass es ein Paar und zwei Familien sind. Auf jeden Fall sind sie miteinander verwandt.

Es ist inzwischen Mittagszeit, als ihre Kinder eintrudeln. Nach und nach. Obwohl die Verwandten sie täglich sehen, begrüßen sie die Vierzehn- bis Siebzehnjährigen mit Umarmungen, begleitet von Ausrufen des Entzückens und Komplimenten. Die Mütter haben offenbar das Privileg, noch eine Weile an ihnen herumzuzupfen und besondere Vorzüge zur Schau stellen zu dürfen. Den Jugendlichen scheint das keineswegs peinlich zu sein. Im Gegenteil. Sie genießen es und schauen strahlend in die Runde.

Kurze Zeit später wird dieses Begrüßungsritual noch um einiges überboten. Es kommt nämlich ein Paar dazu, auf das sie offenbar schon lange gewartet haben. Es befindet sich noch oben auf der Straße, als die Begrüßung über unsere Köpfe hinweg losgeht. Sie kommen die Treppe herunter, und die Szene beherrscht das gesamte Strandbad. Wir erfahren notgedrungen, wie die Fahrt gewesen ist und dass sie es vor Sehnsucht kaum aushalten konnten. Und wie schön es sei, wieder auf Sardinien und mit der Familie zusammen zu sein. Ihre Begeisterung wirkt auf die anderen Gäste richtig ansteckend. Fast alle verfolgen das Geschehen mit Interesse.

Trotzdem verabschieden sich die ersten älteren Damen von ihren Bekannten und von den Leuten, die in der Bar arbeiten: »A domani!« Bis morgen. Die meisten Liegen sind also langfristig vermietet. Wir gehen ebenfalls. Aber nicht nach Hause, um zu kochen wie diese Damen. Wir überqueren nur die Straße und setzen uns beim Kiosk auf die Terrasse, wo wir unter Schatten spendenden Bäumen bei köstlichen Panini den Meerblick genießen. Herrlich, diese touristenfreie Zone. Dabei befinden wir uns in der Verlängerung des Altstadtboulevards. Auch der Radweg führt direkt hier vorbei. In Alghero fahren sie gerne Fahrrad. In der Altstadt, entlang der Bastioni und zu den Stränden nördlich der Stadt. Am liebsten aber auf Gehwegen und in Fußgängerzonen.

Von der Altstadt und dem Küstenstreifen nördlich davon abgesehen, ist das Leben in Alghero völlig normal. Ruhig und ohne Touristen. Langweilig? Während der Siesta ja. Ansonsten herrlich entspannt. Für Leute, die mehr das Lebendige mögen, ist die Reihe Bars in der Verlängerung des Hafenkais ideal. Morgens mischen sich dort noch nicht viele Touristen unter die *Algheresi*. Diese begrüßen sich mit »Bon di« und nehmen die Neuigkeiten des Tages durch. Es sind fast alles Männer, nur Angela ist immer dabei. Sie frühstückt auf der Terrasse der Kaffeebar und wechselt dann von einem Grüppchen zum andern. Der Samstagmorgen ist offenbar der Zeitpunkt, zu dem man hier all seine Bekannten trifft. Entweder vor dem Einkaufen oder danach kommen sie auf einen Kaffee und ein Schwätzchen vorbei. Dann bleibt die Zeit einfach stehen.

Ohne Bedienung

Direkt in unserer Straße entdecken wir eine ziemlich große Fahrradwerkstatt. Außen an der Mauer fällt uns ein ungewöhnlicher Automat auf. Wir versuchen, zu entschlüsseln, was man hier kaufen kann. Weder Zigaretten noch Kondome. Bis wir es endlich entziffern: Fahrradschläuche natürlich!

Automaten haben es den Sarden irgendwie angetan. Ein Stück weiter, neben der Markthalle, stehen wir wieder vor einem Rätsel. Auf dem Automaten steht ausführlich beschrieben, wie gesund es sei. Und warum. Dann begreifen wir es endlich. Es handelt sich tatsächlich um Rohmilch, *Latte crudo*. Wir sind perplex! Gerade bei dieser Milch sind Hygiene und sachgemäße Lagerung besonders wichtig, da sie nicht sterilisiert ist. Wie die Vorzugsmilch, die wir in Deutschland beim Bauern kaufen.

Hier kommt sie aus dem innerstädtischen Milchautomaten. Die sterilen Flaschen dafür gibt's im Automaten gleich daneben. Gibt es wirklich Leute, die hier ihre gesunde Milch holen? Wir bezweifeln dies, denn nicht einmal haben wir jemanden dort Milch zapfen sehen. Nur ein junges Paar, das interessiert alles durchgelesen und dann fotografiert hat. Genau wie wir.

In allen größeren Orten fallen uns Ladenlokale ohne Türen auf. Nischen eigentlich. Darin füllen große Automaten die ganzen Wände. Eine Riesenauswahl an Getränken und Snacks. So verdienen die kleinen Läden viel weniger. Eine merkwürdige Entwicklung. – Es ist aber durchaus möglich, dies noch zu steigern.

In Olbia betrachten wir so einen Automatenladen mal näher. Hier können wir sogar aus mehreren vollständigen Mahlzeiten wählen. Warmen Mahlzeiten, um genau zu sein. »Tiefgekühlt. In zwei Minuten warm«, lautet die Werbung. Wir sind geschockt! In diesem Land, wo das Ritual des Essens eigentlich heilig ist.

Ohne Zweifel

In die Reihe Selbstbedienung passt noch eine unserer Entdeckungen. Ein Produkt, das in Italien im Supermarkt angeboten wird, während wir das – wenn überhaupt – nur in der Apotheke bekommen würden: Tests. An einem Ständer kurz vor der Gemüseabteilung können wir aus verschiedenen Tests wählen. Die Entscheidung fällt uns allerdings schwer: Schwangerschaft, Cholesterin, Glutenintoleranz, Pilzinfektion oder Eisprung? Aber auch diverse Drogentests sind darunter; interessanterweise aber kein Alkoholtest.

Cagliari

Unsere bescheidene Pension fällt in die Kategorie »Billig und in Bahnhofsnähe«. Der Reiseführer rät uns: »Bevor Sie in der Gegend ein Zimmer nehmen, unbedingt erst ansehen, ob Sie da wirklich wohnen wollen.« Aber wir lieben das Risiko und buchen sogar im Voraus. Die Pension liegt direkt hinter dem monumentalen Palazzo Civico di Cagliari. Ich kann mir nicht helfen, dieses Rathaus erinnert mich an den Bahnhof von Valencia. Es ist im *Stilo Liberty*, dem italienischen Jugendstil, erbaut und fällt durch seinen freundlich hellen Kalkstein auf.

So eine Lage hat immer Vor- und Nachteile. Freie Parkplätze gibt es tagsüber nie, aber dafür an jeder Ecke eine gute Bar. Bei uns direkt nebenan zum Beispiel. Eine Lavazza-Bar mit traditioneller Pasticceria, wo die *Cagliaritani* morgens frühstücken. Unser Stammcafé ist es jedoch nicht geworden, weil die Kaffeestärke extrem wechselt. An der Ecke zur Hauptstraße Carlo Felice liegt die Bar Svizzero, wo es Illy-Caffè in einem noch schöneren Ambiente gibt. Diese Bar darf man nicht verpassen! Ein Salon mit hohem Deckengewölbe. Durch die Brauntöne gemütlich, aber dunkel. Dazu tragen auch noch die Bäume bei, die die Hauptstraße säumen.

Die Lage unserer Pension finden wir optimal, und ansonsten ist unsere Unterkunft ganz akzeptabel. Jeden Morgen freuen wir uns jedoch aufs Neue, dass wir das erste Zimmer nicht akzeptiert haben. Das Zimmer war sowieso schon sehr dunkel, weil es im Parterre und nach hinten raus lag. Aber der Kleiderschrank, der vor dem Fenster stand und dieses fast völlig verdeckte, machte es auch nicht gemütlicher.

Wenn ich aufstehe, schaue ich als Erstes hinauf zu einem der Rathaustürmchen mit den vier Mohren, dem Symbol Sardiniens, dessen Weiß sich deutlich am azurblauen Himmel abzeichnet. Am ersten Tag bin ich gerade dabei, Fotos davon zu machen, und entdecke dabei unten zwei Feuerwehrautos direkt bei unserem Eingang. In dem Moment kommen an die zehn Feuerwehrmänner aus der Bar nebenan. – Brennt es dort etwa? Dann sollten wir aber schnell das Gebäude verlassen. Gut, dass wir das rechtzeitig gesehen haben!

Aber Moment mal, irgendetwas stimmt hier nicht. Einer der Feuerwehrmänner lässt sich von einem Kleinkind aufhalten. Offenbar kennt er die Oma, zu der das Kind gehört. Als sich seine Kollegen um die drei scharen und etwas gelangweilt das Ritual abwarten, wissen wir: keine Brandgefahr! Die Feuerwehrleute sind nur zum Kaffeetrinken gekommen. Später stellen wir fest: Es ist ihre Stammkneipe. Sie kommen jeden Tag, nachdem die Carabinieri weg sind.

Die schattige Straße Carlo Felice führt von der Via Roma am Meer hinauf zur Piazza Yenne. Von dort aus geht's steil bergauf. Wir erreichen Cagliaris Altstadt, das Castelloviertel, durch das Stadttor im Elefantenturm.

»Siehst du hier irgendwo einen Elefanten?« Dass er unscheinbar ist, weiß ich noch vom letzten Besuch. Da er in so ungünstiger Höhe angebracht ist, springt er einem auch nicht zufällig ins Auge. Schade, dass es Hochsommer ist, sonst hätten wir den Turm gerne bestiegen. Wenn er um zehn Uhr öffnet, ist die Temperatur schon umwerfend. Da entscheiden wir uns doch lieber für die schattige Aussichtsterrasse gleich nebenan. Diese moderne Terrasse gehört zu dem altmodischen Caffè Libarium Nostrum. Genauso gegensätzlich: Die nette Bedienung draußen gehört zu dem unsympathischen *Barista* drinnen.

Hier blicken wir auf das Meer und das Viertel Stampace und rekonstruieren unseren Weg hierher. Von der kleinen Markthalle Santa Chiara haben wir den Aufzug genommen, der uns fast bis ins Castelloviertel gebracht hat. Stampace liegt ein ganzes Stück tiefer als Castello. Die Herkunft des Namens ist direkt mit diesem Höhenunterschied verbunden. In Castello durften sich zur Zeit der Spanier nach Sonnenuntergang keine Sarden aufhalten. Darauf stand die Todesstrafe. Wenn sich ein Sarde nicht daran hielt, schnappten die Spanier ihn kurzerhand und warfen ihn über die Mauer nach unten. Todesstrafe im Eilverfahren. Begleitet wurde er von den Worten: »Stai in pace!« – Ruhe in Frieden! Angeblich ist daraus der Name Stampace entstanden. Interessante Geschichte, mich überzeugt sie allerdings nicht so ganz. Welcher Spanier sollte einem Sarden ausgerechnet in der Situation etwas auf Italienisch hinterherrufen?

Wir schlendern durch die fotogenen Gassen des Castelloviertels, die wie ausgestorben auf dem Hügel liegen. Am höchsten Punkt kommen wir zu den prunkvollen Palazzi und dem Dom, die im schrillen Kontrast zu den dunklen Gassen der Armen stehen. Nicht weit davon entfernt lassen wir die Museen links liegen und verlassen die Altstadt durch die Porta di San Pancrazio auf der anderen Seite des Hügels. Unser Ziel ist nämlich der Stadtpark Giardini Pubblici mit der Kunstgalerie Galleria Communale.

Giardino da leggere

In diesen öffentlichen Gärten spielt sich der vom Tourismus ungestörte Alltag ab. Eine Kindergruppe bekommt spielerischen Sportunterricht, und eine Oma passt auf ihre Enkel auf, die ein Kätzchen jagen. Freundinnen treffen sich hier bei der Bar auf einen Kaffee. Eine Oase der Ruhe! Die Altstadt liegt hinter uns und das unschöne Viertel Villanova tief unter uns. Am Ende des Parks angekommen, entdecken wir, dass die Kunstgalerie heute leider geschlossen hat. Der blaue Himmel und das liebevoll restaurierte Gebäude spiegeln sich in den Wasserbecken, die sich vor der Galerie befinden und mit schlummernden Skulpturen versehen sind. Ein wunderbarer Anblick. Vor allem, weil wegen der Lage hoch über der Stadt hier jeglicher Hintergrund fehlt, sodass das Gebäude und die Wasserbecken von allem losgelöst scheinen. Dadurch entsteht in dem unglaublich schmal angelegten Park an dieser Stelle eine angenehme Weite.

Die eigentliche Attraktion dieser Parkanlage ist in unseren Augen jedoch eine andere. Der breite Weg, der durch die Grünanlagen zur Galerie führt, liegt im Halbschatten. Und was finden wir auf diesem Weg? Sehen wir das richtig? Dort stehen kleine quadratische Holztische auf Rollen. Darauf liegt jeweils eine Zeitung. Kein zweiter Stuhl? Kein Problem. Dann erscheint wie aus dem Nichts ein Mann und bringt uns den. Service liegt diesem Herrn offenbar im Blut. Er erspäht jemanden, der seine eigene Zeitung liest, auf einem Mäuerchen sitzend. Dem gibt er durch Handzeichen zu verstehen, dass er sich doch besser an eins der Tischchen setzen könne. »Ist doch viel bequemer«, entnehmen wir seiner Gestik. Der Mauerleser versteht nicht, was das Ganze soll, denn er sitzt dort gut. Letztendlich erhebt er sich aber doch und schlendert zu einem Tisch. Ergeben und leicht mit dem Kopf schüttelnd.

Nachdem unsere Zeitung ausgelesen ist, verlassen wir den *Giardino da Leggere*, den Garten zum Lesen, wie das Projekt sich nennt, und begeben uns auf gut Glück in das Viertel Villanova, das uns zu Füßen liegt. – Und verlaufen uns unheimlich unromantisch. Der einzige Lichtblick auf dieser scheinbar endlosen Wanderung ist die Markthalle San Benedetto. Schon bevor wir in ihr kühles Inneres treten, stimmt mich die alte *Ape* froh, deren gesamte Ladefläche voll Knoblauch liegt. Der Knoblauchbauer stellt sich gerne dazu und lächelt stolz und mit seinem ganzen Charme in meine Kamera. Erst danach nehme ich die gigantischen Ausmaße der Markthalle wahr. Nichts wie rein! Beim Anblick all dieser Köstlichkeiten stellt sich augenblicklich der Hunger ein. Wir bestellen bei einer sehr sympathischen Verkäuferin etwas Herzhaftes und setzen uns damit auf eine Bank. Herrlich, hier zu sitzen und dem Markttreiben zuzuschauen!

A proposito, ein Reiseführer oder Stadtplan für Cagliari ist überflüssig, denn zwischen den Arkaden an der Via Roma und dem Castelloviertel finden wir alles, was wir brauchen. In der Via Sardegna und an der Piazza Yenne sind Restaurants wie Sand am Meer. Dazwischen gibt's eine kleine Shoppingmeile. Ein Minimarkt ist schon schwieriger zu finden, aber dafür entdecken wir gleich zwei Elektroläden in einer Straße. Nicht wichtig? Für uns schon. Oft ist es unsere erste Anlaufstelle. Wir kommen an und probieren die Leselampen am Bett aus. Am Ende der Siesta erkunden wir dann das Viertel auf der Suche nach Wasser und Glühbirnen. Hier in Cagliari brauchen wir eine außergewöhnliche, deswegen besuchen wir diesmal gleich zwei Elektroläden. Und beide Male werden wir nett bedient. Und vor allem so höflich; das fällt uns in Italien immer wieder auf. Obwohl unser Italienisch nicht sehr weit reicht, entwickeln sich ausführliche Gespräche. Nicht, weil die Herren sich sonst langweilen würden. Denn so kurz nach der Siesta ist in den Läden ziemlich viel los.

In unserem Viertel gibt es eine ganze Kolonie von Straßenverkäufern sowie einige Bettler. Jeden Morgen, wenn wir vom Kaffeetrinken zurückkommen, werden wir von denselben Bettlern angesprochen. Bei der Bar Svizzero ist es eine junge Frau und bei der Lavazza-Bar ein junger Obdachloser mit seiner gesamten Habe in Plastiktüten. Bettler und Straßenverkäufer kommen regelmäßig zur Piazza Yenne, wo sie ihre Wasserflaschen füllen. Dort stehen sie dann inmitten der gedeckten Tische der Restaurants am öffentlichen Wasserhahn – ein sonderbarer Anblick.

Bei unserer Abreise in Cagliari stellen wir fest, dass wir viel zu viele Flaschen *Acqua Naturale* übrig haben, Mineralwasser ohne Kohlensäure. Statt sie samt Gepäck einen halben Kilometer weit bis zum Auto zu schleppen, haben wir die Idee, sie dem Bettler vor unserem Haus anzubieten. Kann er bei der Hitze bestimmt gut gebrauchen. Zu unserer Überraschung lehnt er ab. Und zwar außerordentlich wortreich. Da er langsam spricht, kann ich fast alles verstehen. Was mir den ganzen Tag nicht mehr aus dem Kopf gehen will, sind die letzten Worte.

»Signora, das ist wirklich sehr nett von Ihnen. Und zudem äußerst großzügig. Es tut mir leid, aber ehrlich gesagt, bevorzuge ich persönlich das Mineralwasser mit Kohlensäure.«

Sozusagen malerisch

Heute wollen wir von Cagliari aus einen Ausflug nach San Sperate machen. Auf dem Weg in diesen Obst- und Künstlerort ist nicht nur die Straße, die in den Ort führt, mit Obstständen gesäumt. Schon auf der Autobahn trauen wir unseren Augen nicht. Die Nothaltebuchten sind alle besetzt. Nicht von Autos mit Panne, sondern von den Ständen der Obstbauern!

Zurzeit gibt's offenbar nichts anderes als Pfirsiche. Dafür sind die Kunstwerke weniger eintönig. Skulpturen, Keramik, aber überwiegend *Murales*: Unzählige Mauern und Fassaden sind bemalt. Angeblich mit über vierhundert Bildern. Eine ganze Straße ist sogar in ein freundliches Hellblau getaucht. Die Gemälde sind nicht mit den Protestbildern in Orgosolo zu vergleichen, obwohl die ersten zur gleichen Zeit entstanden sind wie die in San Sperate.

Hier ist der ganze Ort ein *Paese Museo*, ein Museumsdorf. Unter seinen Einwohnern befinden sich sogar international bekannte Künstler. Wir lernen sie jedoch nicht kennen, denn, von ein paar Cafés in der Hauptstraße mal abgesehen, scheint das Dorf völlig ausgestorben zu sein.

Orgosolo ist ein kleiner Bergort, aber ein bekannter. Touristen kommen scharenweise dorthin. Wahrscheinlich nicht nur der *Murales* wegen, sondern auch wegen der Geschichte des Ortes. Die Polizeikaserne von überproportionaler Größe lässt es schon vermuten: Die *Orgolesi* sind nicht immer die idealen Schwiegersöhne gewesen.

Früher war Orgoloso nämlich eines der berüchtigtsten Banditendörfer Sardiniens. Die ganze Palette von Raubüberfällen bis hin zur Blutrache prägte das Image der *Orgolesi*. Ende der 1960er-Jahre kam Rebellion dazu, als der Kampf um ein Naturgebiet die Einwohner zusammenschweißte. Ein Truppenübungsplatz der NATO? – Das ließen sie nicht zu! Seitdem zeugen ihre *Murales* von Widerstand, sozialen Missständen und Auswanderung. Interessanterweise auch von der Diskriminierung der Sarden im eigenen Land.

Auf dem Rückweg von San Sperate in die Hauptstadt brauchen wir nur den Schildern zur Autobahn Cagliari zu folgen. Als diese unerwartet nach links zeigen, biegen wir natürlich ab. Und stellen fest, dass die Straße leider nur am Anfang asphaltiert ist. Schon bald ähnelt sie eher einem Feldweg. Und in der Tat: Rechts und links sind nur Felder zu sehen. Und vor uns unzählige tiefe Schlaglöcher.

»Sollen wir drehen?« Uns ist schon lange klar, dass uns dieser Weg nicht zur Autobahnauffahrt bringen wird. Aber hier umzukehren und die ganze Schlaglöcherroute zurückzufahren, finden wir auch keine besonders attraktive Alternative.

»Guck mal, da hinten, könnte das nicht eine Autobahn sein?« Mit höchstens zehn Stundenkilometern zickzacken wir an den tiefsten Löchern vorbei. Bis wir uns plötzlich auf der Autobahn befinden. Und erst mal kräftig beschleunigen müssen! – Es ist also tatsächlich die Autobahnauffahrt gewesen. Nur hat das Geld offenbar nicht zum Asphaltieren gereicht. Und zwar seit Jahren, das ist dem Weg anzusehen.

Olbia

Olbias Altstadt hat einen gewissen Charme. Drumherum ist es unschön, aber wer das Authentische sucht, kommt auf seine Kosten. Die Altstadt beginnt erst am späten Nachmittag zu leben. Im warmen Abendlicht mischen wir uns unter die Flanierenden, vergleichen schon mal die Speisekarten, vertreiben den Hunger mit einem Eis oder machen Fotos.

»Oder sollen wir heute beim Sternekoch essen?« Das ist eigentlich weder unser Stil noch unsere Preisklasse, aber anschauen können wir es uns ja mal. Das berühmte Feinschmeckerlokal Gallura hat einen Michelin-Stern und eine kleine Pension. Dass man nicht draußen sitzen kann, ist bei diesem schönen Wetter schon mal ein Minuspunkt. Hat es überhaupt geöffnet? Laut Reiseführer ja, aber es sieht aus, als hätte es geschlossen. Und zwar seit Weihnachten, wie wir aus den Weihnachtsmännern schließen, die an den Fensterscheiben kleben.

Es sieht überhaupt ziemlich düster und ungemütlich aus. Gehen wir doch mal rein. Die Rezeption der Pension hat geöffnet. Da fragen wir mal nach! Aber so weit kommt es gar nicht. Beim Betreten der Vorhalle, die zum Restaurant führt, bekommen wir einen solchen Lachanfall, dass wir wieder umkehren. Natürlich nicht, ohne ein Foto zu machen. Der

Rezeptionist war glücklicherweise gerade nicht an seinem Platz.

Hier muss wirklich ein Spitzenkoch am Werk sein, sonst wäre ihm der Stern beim Anblick des Entrees schon abgenommen worden. Wir können all die Eindrücke gar nicht so schnell verarbeiten. Sind wir in einem Museum gelandet? Nein, es ist eher ein unordentliches Künstleratelier. Um nicht zu sagen, eine vollgestopfte Rumpelkammer.

Morgens ist wenigstens auf dem Markt südlich des Corso was los. Ein ziemlich großer Markt, auf dem mich in erster Linie die Leinenkleider interessieren.

Aber auch die Antwort auf meine Frage: »Wo kann ich das Kleid denn mal anprobieren?« Meistens schocken die Händler mich mit ihren improvisierten Umkleidekabinen hinter Zeltplanen oder aus Decken, die im Dreieck aufgehängt sind. Dieser Verkäufer hat nichts in der Art vorbereitet, verfügt jedoch über ausreichend Improvisationstalent. Während er noch überlegt, schiebt er spontan die Seitentür seines Transporters auf und schnappt sich einen leeren Bierkasten, stülpt ihn um und kickt ihn geschickt vor die Tür, damit ich bequemer einsteigen kann.

Nur eins hat er nicht bedacht. Als ich mich gerade ausziehe, fällt ihm ein, dass hinten im Bus sein Kumpel schläft. Blitzartig wird die hintere Tür aufgerissen und der Kumpel unsanft hinausgescheucht. Dem Verkäufer ist das unheimlich peinlich, dabei hatte ich den Schläfer nicht einmal bemerkt.

Das Schönste an Olbia ist die Küste. Egal, ob wir nach Norden oder nach Süden fahren, überall finden wir wunderbare Buchten und Strände. Man braucht wirklich nicht bis zur Costa Smeralda hinaufzufahren. Uns gefällt es überall dort besonders gut, wo man die imponierende Felseninsel Isola di Tavolara im Blick hat. Verliebt haben wir uns in die relaxte Atmosphäre der eingefleischten Gente di Mare und würden uns wünschen, dass wir uns an deren Rhythmus gewöhnen könnten.

4

Bei Lichte betrachtet

Venedig

Wo finden wir das authentische Venedig? Gibt es das überhaupt? – Ja und nein, denn echte Venezianer gibt es kaum, und jeden Tag werden es weniger. Eine Leuchtschrift auf dem Campo San Bartolomeo zeigt die aktuellen Einwohnerzahlen an, die erschreckend niedrig sind: 56.824. Verglichen mit zwei Monaten zuvor sind offenbar wieder einhundert Bürger abgewandert. Wahrscheinlich aufs Festland. Genau wie Teile der Stadtverwaltung schon vor einigen Jahren, denn die Immobilien sind in der Lagunenstadt zu teuer. Die Venezianer müssen seitdem für jede Bescheinigung nach Mestre fahren, das verwaltungsmäßig zu Venedig gehört und auf der *Terraferma* liegt, gleich hinter dem Ponte della Libertà, der die Lagunenstadt mit dem Festland verbindet.

Die Touristen bringen nicht nur verstopfte Gassen mit sich, sondern auch Einnahmen. Arbeit gibt es – hauptsächlich in der Gastronomie – also ausreichend. Warum ziehen dann so viele weg? Weil sie die ständig steigenden Mietpreise nicht mehr bezahlen können. Also pendeln Tausende täglich zwischen Festland und Venedig. Es sind dreißigtausend *Pendolari*, um genau zu sein.

Winterimpressionen

Die Stadt ist immer mit Touristen überfüllt, vor allem, wenn Kreuzfahrtschiffe angekommen sind. Über zwölf Millionen Besucher im Jahr, das schafft keine andere Stadt der Welt. Trotzdem fanden wir immer Wohnviertel und Plätze, wo es trotz allem so etwas wie Alltag gab: Tante-Emma-Läden, Stammkneipen und winzige Supermärkte, in denen wir uns kaum bewegen konnten, die uns aber mit ihrem Angebot überraschten. Zwischen den Lebensmitteln entdeckten wir drei Schuhkartons der Marke Timberland, und ganz oben auf dem Getränkeregal standen Haushaltsgeräte und ein Fernseher. Alles supermodern.

Was wir jedoch im Straßenbild vermissten, waren Kinder. Das Durchschnittsalter der *Veneziani* ist ziemlich hoch, wenn man die Studenten mal außer Acht lässt. Auffallend war, dass die Einwohner – statt mit ihren Enkeln – mit ihren kleinen Hunden spazieren gingen. Für das abendliche Gassi gehen waren anscheinend die Männer zuständig. Wir hatten den Eindruck, dass sie sich dieser Aufgabe gerne widmeten, denn während zu Hause das Abendessen zubereitet wurde, trafen sie sich mit ihren Freunden und deren Schoßhündchen in der Kneipe.

In unserem Viertel kamen die meisten Straßen auf dem wunderbaren Campo San Giacomo dell'Orio raus. Wunderbar, denn dort war Leben, Licht, etwas Farbe und eine tolle Atmosphäre. Die schmalen, dunklen Gassen in der Gegend waren nämlich nicht besonders einladend. Wir hatten Glück, in einem Eckhaus am Kanal zu wohnen, wodurch unsere Wohnung von zwei Seiten Licht bekam. Natürlich war es nicht der Canal Grande mit seinen restaurierten Palazzi, sondern ein schmaler, auf dem aber auch die Gondeln vorbeikamen. Und die Transportboote: Mineralwasser, Baumaterial und einmal ein Krankentransport. An der Kleidung der Schipper konnten wir gut das Klima ablesen. Morgens war es immer furchtbar kalt, auch bei Windstille. Die nasskalte Luft Venedigs ging uns bis auf die Knochen. Alle trugen dort knielange Mäntel. Dass wir kaum Winterjacken sahen, wunderte uns nicht.

Die feuchte Luft nagt auch an den Gebäuden. Bei unserem Haus war das ehemalige Rotbraun des Verputzes noch zu erkennen, aber die Hälfte war bereits abgebröckelt. Ansonsten war es gut in Schuss. Es war ein neueres, von 1926, wie uns das Terrazzomosaik im Hausflur verriet.

Gegenüber stand ein ziemlich großer, jahrhundertealter Palazzo mit gotischen Fenstern, die weiß eingefasst waren. Unten schwappte das Kanalwasser durch ein morsches Tor rein und raus, alle anderen Holzelemente waren mehr als verwittert. ›Wie viele Jahrzehnte er wohl schon leer stehen mag?‹, fragten wir uns am ersten Tag. Am nächsten Abend waren jedoch die Fenster im zweiten Stock erleuchtet, und bis Silvester kamen immer mehr hinzu. – Also auch ein Gebäude, in dem Wohnungen an Touristen vermietet werden.

Unser Stadtteil war der *Sestiere* Santa Croce, der keine Sehenswürdigkeiten aufzuweisen hat, wo also nur die Touristen hinkommen, die sich verlaufen haben. Auf unserem Lieblingsplatz, dem Campo San Giacomo dell'Orio, waren wir anfänglich etwas skeptisch, weil die Straßencafés voll besetzt waren.

»Mitten im Winter? Das werden wohl Touristen sein.« Aber es waren die *Veneziani*, die sich dort zwischen den Feiertagen mit ihren Nachbarn und Freunden auf einen Caffè oder Spritz trafen. Sie genossen die Sonne und die Geselligkeit der freien Tage. Man traf sich, tauschte Neuigkeiten und Komplimente aus. Es war wie ein Ersatz für das sommerliche Flanieren am Abend. Die Sonne betonte das warme Orangerot einiger Fassaden. Sogar der Platz mit seiner langweilig beigefarbenen Kirche wirkte dann nicht mehr ganz so farblos.

Ein paar Zehnjährige hatten ihre Jacken auf den Brunnen in der Mitte des Platzes geworfen und spielten Fußball. In der Minigrünanlage erklärte ein Vater seinem Sohn, wie der Vogelfutterspender funktioniert. Es fiel auf, dass es keine gewöhnliche Grünanlage war. Unter den wenigen Bäumen, die ganz schön alt waren, war nämlich ein ziemlich chaotisches Beet angelegt worden. Zwischen Rosen und den dort beliebten Alpenveilchen identifizierten wir verschiedene Beerensträucher, Gemüse und ein Pfirsichbäumchen. Dass es sich um ein Schulprojekt handelte, zeigte auch das Schild, auf dem stand, wann wieder im *Orto*, dem Gemüsegarten, gearbeitet werden musste.

Bäume sind in Venedigs Stadtbild eine Seltenheit. Grün überhaupt. Wir hatten den Eindruck, dass sich das meiste Grün auf den Dachterrassen und Balkons befindet. Im Winter fielen allerdings vor allem die Fensterbänke ins Auge, und das lag an der Alufolie. Überall waren die Blumentöpfe in Alufolie eingewickelt, mangels Alufolie wurde auch schon mal Weihnachtspapier verwendet. Die Pflanzen waren jedoch immer die gleichen: Alpenveilchen. Wer keine Lust hatte, den ganzen Winter auf Alufolie oder Geschenkpapier zu schauen, hatte sich für Wasser speichernde Fettpflanzen entschieden. Die machen sich übrigens auch gut auf den Balkonen der unbewohnten Häuser, weil sie sind äußerst pflegeleicht sind.

Ein anderer Platz, der seinen ursprünglichen Charme bewahrt hat, ist der Campo di Santa Margherita im *Sestiere* Dorsoduro. Auch hier liefen die Straßencafés im Winter tagsüber gut, die Gäste waren allerdings international. Abends hatten wir quirliges Studentenleben erwartet, wurden jedoch enttäuscht.

Der viel gepriesene Campo San Polo wirkte auf uns schon immer irgendwie langweilig, wenn auch authentisch. Dieses Mal hatte er eine Überraschung für uns in petto. Schon von Weitem hörten wir Stimmen und Kindergelächter. Was war hier denn los? Als wir näher kamen, konnten wir es gar nicht glauben: eine Eisbahn! Kinder und Erwachsene fuhren kleine Runden auf orangefarbenen Schlittschuhen, die sie dort geliehen hatten.

Wir fanden einen anderen Platz im *Sestiere* San Polo, der viel lebendiger ist: den Campo dei Frari. In der Gegend rund um die Chiesa Santa Maria dei Frari ist immer was los, selbst im Winter. Und zwar normales Leben, wenn auch durchsetzt mit Touristen.

Moses

Bei unserer Ankunft erzählte unsere Vermieterin, dass Venedig zu Silvester auf besseres Wetter hoffe. – Besseres Wetter? Wir finden es herrlich: 14 Grad, windstill und kaum Wolken. Stimmt, meinte sie, heute sei es okay, aber bis gestern sei es einfach nur furchtbar gewesen. Das war das Stichwort für unsere Frage nach den Gummistiefeln, denn im Winter kommt *Acqua Alta* öfter vor, und die Bürgersteige unterwegs sahen ganz danach aus, als wäre das Hochwasser gerade erst vorbei.

»Oh ja, ganz vergessen, hier ist der Schuhschrank«, meinte sie und zeigte uns, dass so ziemlich alle Größen vorhanden waren. Wir waren beruhigt. Unser pessimistisches Szenario für diesen Urlaub war: *Acqua Alta* und Dauerregen gleichzeitig. Dauerregen wäre für uns Touristen schlimmer, denn bei Hochwasser könnten wir uns mit unserem Tagesprogramm nach den Gezeiten richten.

Acqua Alta entsteht, wenn der Wind das Wasser der Lagune in die Kanäle drückt. Wenn dann gerade Flut ist, wird alles überschwemmt. Zwei Stunden später setzt die Ebbe ein, und das Wasser zieht sich zurück. Was für Besucher eine Attraktion ist, stellt für die Venezianer und den Mittelstand eine Katastrophe dar. Ist das Problem denn nicht zu lösen? Es muss doch möglich sein, eine Konstruktion zu bauen, bei der die Schotten dicht gehen, sobald eine Sturmflut droht.

Natürlich ist das möglich, und Venedig ist da am Ball. Und zwar seit 1984. Damals startete die Testphase des Projekts MOSE, das vorsieht, dass die Öffnungen zwischen den vorgelagerten Sandbänken geschlossen werden können. Das italienische Wort MOSE bedeutet Moses, ist aber eine Abkürzung, die in etwa steht für: elektromechanische Schleusentore.

Der Bau wird von einer Firmengemeinschaft ausgeführt, zu der sich die dreißig größten Baufirmen Italiens zusammengeschlossen haben. MOSE weist typische Merkmale eines Mafiaprojektes auf: Es wird nicht fertig, und das Geld, das dafür gedacht ist, verschwindet irgendwie. Diesbezüglich gab es regelmäßig Verhaftungen. Der einen oder anderen Baufirma wurde nachgewiesen, mit der Mafia in Verbindung zu stehen, und das Schwarzgeld der Firmengemeinschaft wurde teilweise ausfindig gemacht. Bisher in vier Erdteilen. Nur Europa fehlt da noch.

Inzwischen wird MOSE mit sechs Milliarden veranschlagt. Ein Ende ist für die Steuerzahler dort aber nicht in Sicht, denn bei diesem Projekt kommt ein besonders schlauer Schachzug hinzu: Die vertraglich festgelegten Wartungskosten belaufen sich auf mehr als zwanzig Millionen Euro. Pro Jahr wohlgemerkt.

Vú Cumprá

Venedig hat schon ein paar mehr Einwohner, denn die illegalen Einwanderer tauchen natürlich nicht in der Statistik auf. Und das sind ein paar Tausend. Also um einiges mehr als die Straßenverkäufer, denen wir an strategischen Punkten der Stadt begegnen, wo sie ihre gefälschte Markenware anbieten. Sie werden diskriminierenderweise *Vú Cumprá* genannt, was so viel bedeutet wie »Du wollen kaufen?« Venedig möchte sie aus verschiedenen Gründen loswerden. In der Nähe des Dogenpalastes stellen sie eine ernst zu nehmende Konkurrenz für die legalen Souvenirbuden dar, aber auch die Betreiber der teuren Hotels und Restaurants in der Gegend protestieren gegen die illegalen Einwanderer, die dort illegal ihre illegalen Waren anbieten, ausgebreitet auf einem Tuch, das auf dem Boden liegt.

Sobald Polizei oder Carabinieri anrückten, schnappten sich die Verkäufer ihre Tücher an den vier Ecken, schulterten diese Bündel und rannten weg. So schnell sie konnten? In Panik? Nein. Lachend liefen sie an unserem Straßencafé vorbei, schauten sich immer wieder um und entschieden sich dann, an der nächsten Ecke abzubiegen. Da blieben sie stehen, diskutierten und tranken Wasser. Es war ein besonders heißer Tag. Vielleicht verfolgten die vier Carabinieri sie deswegen nicht weiter? Weil es ihnen in ihren Uniformen zu warm war?

Auf uns wirkte das Ganze eher wie Kinder, die Fangen spielten und das lustig fanden, weil sie wussten, dass sie sowieso nicht geschnappt werden. Drei Vergehen gleichzeitig, und sie werden nicht bestraft? Niemand unternimmt ernsthaft etwas dagegen? Offenbar hat jemand ein Interesse daran, dass sie bleiben, was übrigens für ganz Italien gilt. Was steckt dahinter?

Der Handel mit gefälschten Markenaccessoires, CD- und DVD-Kopien ist ein äußerst lukratives Geschäft. Eine kriminelle Organisation sorgt für die Ware und wirbt auch die Verkäufer an. Illegale eignen sich besonders gut für diesen Job, weil sie keine Arbeits- und Aufenthaltserlaubnis haben, wodurch sie der Organisation völlig ausgeliefert sind. Aus Angst vor Abschiebung werden sie garantiert über die Herkunft ihrer Ware schweigen. Dasselbe gilt für die Einwanderer, die sich illegal in Italien aufhalten und in illegalen Werkstätten die Ware produzieren. Das Milliardengeschäft mit gefälschter Ware ist also perfekt organisiert. Hersteller und Verkäufer sind illegal und arm. – Und nur so lange am Leben, wie sie schweigen.

Sommerimpressionen

Der Stadtplan zeigt die Lagunenstadt in der Form eines Fisches, der Schwanz zeigt nach Osten. Venedigs Armut fällt auch bei Sonne auf, aber deutlich weniger, deswegen ist der *Sestiere* Castello nur im Sommer unser Favorit, und zwar das Viertel auf der Schwanzflosse.

Die Via Garibaldi, die Einkaufsstraße, ist die Hauptschlagader des Wohnviertels. Einer der Läden liegt sogar im Wasser, es ist das Gemüseboot. Nichts deutete hier auf Tourismus hin: weder Souvenirs noch Englisch sprechende Bedienungen. Zeitweise fühlten wir uns sogar um Jahrzehnte in der Zeit zurückversetzt. Von den weißen Plastikstühlen unserer Kaffeebar aus beobachteten wir täglich das Geschehen. Der Minimarkt schien den anderen kleinen Läden nicht zu schaden. Bei ihren Einkäufen klapperten die Leute die Läden nach und nach ab. Und niemand ohne Einkaufstasche auf Rädern. Ältere Leute genau wie ihre sexy gekleideten jungen Nachbarinnen.

Wir trauten unseren Augen nicht, als wir Il Bottegon betraten. Da wurde alles verkauft, was die anderen Geschäfte nicht anboten. Und wegen der vielen Waren war der gigantische Laden buchstäblich bis unter die Decke vollgestopft. Vermutlich ist es ursprünglich ein Haushaltwarengeschäft gewesen. Jetzt führte es alles von Zahnseide bis hin zu Zementsäcken.

In der Via Garibaldi liegt ungefähr auf halber Strecke der Eingang zum schattigen Park Giardini, der wegen der internationalen Kunstausstellung *Biennale di Venezia* berühmt ist und der im brütend heißen venezianischen Sommer unsere Rettung war!

Morgens weckte uns immer das Glockenspiel des San Pietro di Castello, dessen Turm fast bei uns im Garten stand. Die Melodie erinnerte mich an ein Kinderlied. Nie bin ich so fröhlich aufgewacht. Und dabei waren die Nächte wegen der Hitze und der Mücken nicht immer erholsam.

Wenn wir dann von unserem abgelegenen Inselchen über die lange Holzbrücke in die Via Garibaldi kamen, schallte jedoch eine völlig andere Musik durch die Straße. Reggae! Sie wurde immer lauter, desto näher wir dem Fischladen kamen. Das Fenster stand weit offen, und zwei swingende junge Männer waren am Krabben puhlen. – Ein herrliches Schauspiel, aber leider nur morgens.

Abends begegneten wir öfter einem Sänger, der bei den Restaurants entweder allein oder zusammen mit einem anderen auftrat. Das erste Mal stutzten wir, denn er kam uns irgendwie bekannt vor. – Er war natürlich kein bekannter Sänger, aber den Mann hatten wir schon mal gesehen. Dann fiel es uns ein: Es war der Obsthändler vom Eingang bei Gardini! Direkt gegenüber unserer Kaffeebar sahen wir ihm jeden Morgen zu, wie er seinen Obststand aufbaute, wo er dann den ganzen Tag stand.

An unserem letzten Abend kamen wir auf dem Nachhauseweg an einer Trattoria vorbei, als er dort gerade ein Lied über Venedig schmetterte. Obwohl es eine Schnulze erster Klasse war, blieben wir stehen. Zwei Venezianerinnen – wahrscheinlich älter als die Schnulze – kamen dazu und sangen lautstark mit. Ehe wir uns versahen, schnappte sich jede der Damen einen von uns und wir mussten mit ihnen tanzen. Es war nicht zu übersehen, wie stolz sie auf ihre geliebte Stadt waren.

5

Auf den Geschmack gekommen

Sizilien Südost

Dass wir in Siracusa auf der Insel Ortigia direkt neben einem Restaurant wohnen würden, wussten wir. Inzwischen hatte das allerdings seine Terrasse erweitert, und zwar direkt vor unserer Haustür, die zu den Wohnungen im ersten Stock führte. Als der Kellner realisierte, dass wir die Tür mit unserem Gepäck nicht erreichen konnten, rückte er geräuschvoll Tische und Stühle zur Seite, um uns Platz zu machen. Was die Aufmerksamkeit aller Gäste auf sich zog. Sie schienen verwundert, dass sich hier am Wasser nicht nur Restaurants befanden, sondern auch Wohnungen.

Ortigia

Die Lage war ideal, nicht nur wegen des Meerblicks. Während das Ostufer der Insel ziemlich heruntergekommen und vom Wind gebeutelt war, befanden wir uns am gepflegten, autofreien Westufer zwischen der berühmten Quelle Fonte Aretusa und dem Fort am unteren Zipfel der Insel. Zum Domplatz waren es nur ein paar Schritte. Obwohl die kilometerlange Promenade vor unserem Haus die Touristen, Spaziergänger, Jogger und Radfahrer der Umgebung anzog, war die Atmosphäre wunderbar entspannt.

La dolce vita

Hier trafen sich nämlich die Sonnenanbeter und Lebensgenießer. Ob es eine Großfamilie war oder der Opa, der früh morgens während einer Radtour seinem Enkel das Leben erklärte. Paare, die sich an romantischen Plätzen fotografierten, sowie die jungen Eltern, die ihrer Tochter auf einer Aussichtsterrasse das Skaten beibringen wollten, aber solche Angst um sie hatten, dass die Kleine sich vor lauter Schutz an ihren Ellenbogen, Handgelenken, Kopf und Knien kaum bewegen konnte. – Und nach jedem Sturz wie ein hilfloser Käfer liegen blieb.

Spätestens zur Mittagszeit füllten sich die Restaurants entlang des Lungomare und an der Fonte Aretusa. Interessanterweise warben alle mit den gleichen Gerichten. Es waren ausnahmslos traditionelle sizilianische, wie Arancini und Caponata. Merkwürdig, dass sie die hier so hervorhoben. Und dann auch noch bei jedem Restaurant. Plötzlich dämmerte es mir: natürlich, um die ausländischen Montalbano-Leser anzulocken, denn es waren die Leibgerichte des Commissarios!

Obwohl ich kein ausgesprochener Reisfreund bin, finde ich Arancini total lecker. Jedenfalls die *al ragu*. Aus Neugierde bestellte ich in Siracusa eine Variante: einen mit Spinat und Mozzarella.

Glücklicherweise nur einen. Schon als er serviert wurde, bereute ich meine Entscheidung. Arancini kenne ich als Reisbällchen in Zipfelform. Sie sind orange-braun und haben die Größe einer kleinen Faust. Bei dem langweilig-braunen Ball auf meinem Teller stimmte nur die Größe. Ich schnüffelte daran, aber auch das Aroma war nicht gerade attraktiv. Als ich ihn aufschnitt, gab er seine vielversprechenden inneren Werte preis. Trotzdem – er schmeckte, wie er roch: nach feuchtem Heu.

Gli arancini di Montalbano

Ich entschied, nächstes Mal unbedingt wieder die *al ragu* zu nehmen. Die haben eine Füllung aus Fleisch und Erbsen. Total einfach, aber köstlich. So lecker, dass die Romanfigur Commissario Montalbano deswegen schon mal eine Silvesterreise mit seiner Freundin platzen ließ. Wie es dazu kam? Seine Freundin wollte mit ihm nach Paris, er hatte jedoch keine rechte Lust. Und noch weniger, als seine Haushälterin Adelina, eine begnadete Köchin, ihn zum Silvesterabend einlud. Ihre

Söhne waren dieses Jahr zu Silvester mal beide auf freiem Fuß. Wenn das kein Grund zum Feiern war! Wegen Paris konnte Montalbano natürlich nicht auf die Einladung eingehen. Dann machte er den Fehler, zu fragen, was es denn zu Essen gäbe. Die Antwort traf ihn mitten ins Herz: Arancini.

»Adelina macht Arancini, und ich fahre nach Paris. Das kann ja wohl nicht wahr sein!« Anschließend setzte er alles daran, an dem Abend im Kommissariat unabkömmlich zu sein. Einer von Adelinas Söhnen kam ihm dabei zu Hilfe, wenn auch unbewusst. Er saß schon wieder! Für den Silvesterabend bekam er jedoch Ausgang. Unter einer Bedingung: Die Polizei musste ihn begleiten. Schwierig, dafür jemanden zu finden, also erklärte sich der Commissario bereit, persönlich die Überwachung zu übernehmen. Er war glücklich: kein kaltes Paris und zudem die köstlichen Arancini!

Unsere nächsten Arancini aßen wir direkt in Punta Secca. In dem winzigen Dorf wollten wir das Haus besuchen, in dem der Commissario lebt. Im Film, versteht sich. Die Lage war fantastisch, denn seine Terrasse lag direkt am Strand.

Das Dorf sah allerdings in Wirklichkeit völlig anders aus. Dort gab es keine Altstadt am Berghang und schon gar keine Barockgebäude. Für die Filme sind nämlich verschiedene Perlen Südostsiziliens aneinandergereiht und im Vorspann der TV-Serie extrem zusammengeschnitten worden. Alle Drehorte sind natürlich stolz auf ihre Rolle im Film. Das unscheinbare Punta Secca offenbar auch. Sonst hätte es ja wohl den Untertitel »La casa del commissario Montalbano« auf sämtlichen Wegweisern entlang der Landstraßen weggelassen.

Das Haus konnten wir nicht verfehlen. Gleich gegenüber entdeckten wir sofort das Schild »Gli arancini di Montalbano«. Sie waren ziemlich gut, aber eine Silvesterreise hätten wir dafür ganz sicher nicht abgesagt. Leider waren sie nicht warm. Oder wenigstens gekühlt gelagert. Dafür konnten wir aus verschiedenen Kreationen wählen. In einem Verschlag im Parterre einer Ruine hatte ein älteres Paar eine improvisierte Theke aufgestellt: der Arbeitsplatz der Signora. Ihr Mann stand links davon und bereitete die Speisen zu. Zusehen konnten wir ihm dabei nicht, denn der Küchenteil war mit einer alten Wolldecke abgeschirmt. – Das war vielleicht auch besser so.

Siracusa

Das Highlight ist der Dom, der an einem weitläufigen Platz liegt und ein beliebter Treffpunkt ist für Jugendliche, Familien und Radfahrer. Morgens konnten wir die Stille und Schönheit ohne Getümmel und Luftballonstände genießen. Abends übrigens auch. Der gesamte Platz war dann spärlich beleuchtet und der Dom dezent angestrahlt. Die Spaziergänger und die Gäste auf den Terrassen der Bars befanden sich im Halbdunkel und wurden auf diese Weise zu anonymen Silhouetten, denn die Hauptrolle spielte der dunkle Platz mit den Gebäuden, die ihn umstellten. Und dabei besticht der Domplatz tagsüber gerade durch das blendendweiße Gesamtbild: die cremeweißen Bauten und der mit weißem Marmor gepflasterte Platz.

Ein weiterer Touristenmagnet ist der Markt in den Straßen nahe dem Apollotempel. Vor lauter Kameras und Gedränge konnten wir zeitweilig kaum die Stände sehen. Fisch und Muscheln waren durch ihren Duft allerdings überdeutlich wahrzunehmen. Die internationalen Gespräche und Rufe wurden immer wieder von den Marktschreiern übertönt. Bei einem kleinen, drahtigen, aber sehr alten Mann wollten wir Erdbeeren kaufen. Er hatte Chirurgenhandschuhe an und war gerade damit beschäftigt, die zu klein geratenen Schalen vorsichtig aus der Kiste zu nehmen und dekorativ auf dem Tisch zu verteilen, ohne dass eine Erdbeere herausfiel. Er schien mit dieser Aufgabe leicht überfordert zu sein, denn er arbeitete ganz konzentriert. Als er dann schließlich fertig war, fragten wir ihn, ob er bereit sei, uns zwei dieser Schälchen mit *Fragole* zu verkaufen. Sobald das Geschäft wortlos abgeschlossen war, installierte sich das Männchen hinter seinem Stand, riss den Mund auf und schrie aus voller Brust: »Fraaagoleeeee! Fraaagoleeeee!«

Vor Schreck wie versteinert, starrte ich ihn an. Diese Stimme kam tatsächlich von ihm! Bis dahin hatte ich geglaubt, er könnte nicht einmal sprechen! Und diese kleinen Spitzen, die er entblößte, als er seinen enormen Mund öffnete ... Die erinnerten mich an den Fischkopf, der am Stand gegenüber ausgestellt worden war. Durch ein Holzstöckchen blieb das riesige Fischmaul aufgesperrt, damit die Besucher das beeindruckende Gebiss mit seinen kleinen, spitzen Zähnen bewundern konnten.

Manipulierte Antike

Berühmt ist Siracusa wegen seines griechischen Amphitheaters. Vor zehn Jahren hatten wir das zuletzt besucht, aber die Fotos davon waren kontrastmäßig nicht so gut gelungen. Also freuten wir uns, dass die Sonne schien, als wir uns auf den Weg zum Parco Archeologico machten.

Wie mit dem Hammer traf uns der Schock. Das gesamte Theater war verschandelt! Und damit waren sie noch lange nicht fertig; die Bauarbeiten waren in vollem Gange. Die Türme für die Bühnenbeleuchtung standen bereits, die meisten der antiken Stufen waren mit Holz verkleidet, und auf der Bühne entstand gerade ein gigantisches Gebilde. Ebenfalls aus Holz, aber betonfarben angestrichen. Alles für die Theateraufführungen im Sommer. – Aber wer hatte genehmigt, dieses Kulturerbe dermaßen zu missbrauchen?

Mein Foto von damals zeigt ein prächtiges antikes Theater vor einer wunderschönen Landschaftskulisse. Wen kümmert es schon, dass es zu kontrastreich ist? Der Kontrast zum heutigen Anblick, der ist eine Schande. Mein altes Bild hat im Laufe der Jahre eindeutig an Wert gewonnen.

Lohnt es sich trotzdem, den nicht geringen Eintritt zu bezahlen? – Ja und nein. Nein, wenn man wegen der Hauptattraktion kommt. Ja, wegen der Atmosphäre des Parks. Außerdem gibt es ein römisches Theater, eine Ruine in augenscheinlich unberührter Natur. Und im Ohr des Dionysios muss man einfach gewesen sein! Der Eingang liegt am Rand des Steinbruchs Latomia del Paradiso, einem himmlischen Fleckchen Erde, das viele Besucher gar nicht weiter erkunden, sondern nur von oben ansehen, nachdem sie dem griechischen Theater enttäuscht den Rücken gekehrt haben.

Die gesamte Anlage ist es vor allem wert, wenn man Zeit und vielleicht Picknicksachen mitbringt. Das Hämmern und Sägen ist glücklicherweise nicht auf dem ganzen Gelände zu hören. Wahrscheinlich verstummt es sowieso zur Mittagszeit für eine Weile. Oder wofür wurden die vier alten Plastikstühle genutzt, die im Schatten der antiken Höhle am oberen Rand des Theaters standen?

Marzamemi

Unterwegs nach Ragusa machten wir einen Schlenker zum äußersten Zipfel der Insel. Dort war die ehemalige Thunfischfabrik, die *Tonnara* von Marzamemi restauriert und zu netten Bars und Restaurants umgezaubert worden. Und da eine *Tonnara* logischerweise am Wasser liegt, träumten wir auf der langen Fahrt durch die fröhlich blühende Natur von einem sonnigen Plätzchen mit Bruschetta, Lemonsoda und Meerblick. Das wäre vielleicht auch gelungen, wenn wir uns nicht ausgerechnet den 1. Mai ausgesucht hätten! Das ist der Tag, an dem praktisch alle Italiener unterwegs sind. Und die aus den Provinzen Siracusa und Ragusa hatten sich offenbar gedacht: Marzamemi, da wollten wir immer schon mal hin.

Getümmel und Warteschlangen bei den Restaurants am Wasser. In einem bezahlbaren Lokal war kein Platz zu finden. Von der ursprünglich arabischen Anlage konnten wir auch keinen richtigen Eindruck gewinnen: zu viel Gedränge in der Gasse mit den Bars, zu viele Luftballons und Maschinengewehre für Kinder in dem großzügigen Innenhof.

Der Kiosk im Dorf machte alles wieder gut. Zwischen Meer und Spielplatz saßen wir zusammen mit dem örtlichen Klub alter Männer und einem Paar, das nur zu Besuch war und auch nicht in der *Tonnara* essen wollte. Während sich eine politische Diskussion zwischen den beiden Lagern hochschaukelte, bestellten wir unsere Brötchen, die genau nach unseren Wünschen belegt wurden, auch wenn der Vater der Verkäuferin erst mal schnell verschwinden musste, um Tomaten zu pflücken. Der älteste der Fischer-Senioren bestellte sich anschließend das gleiche. Die junge Frau traute ihren Ohren nicht. Verdutzt fragte sie bei ihrem Stammkunden noch einmal nach. Doch der Exfischer blieb dabei: nur mit Käse und Tomaten.

Ragusa

Siracusas Barock bot uns einen Vorgeschmack auf Ragusa. Jedenfalls einen kleinen. In Ragusa hält er sich auch noch in

Grenzen, aber in Ragusa Ibla haben sich die Architekten damals voll ausgelebt. Palazzi und Kirchen und der gewaltige Dom San Giorgio als Höhepunkt. Einige Bauwerke wurden zum Weltkulturerbe erklärt. Das faszinierende Portale di San Giorgio haben sie offenbar übersehen, denn es gehört unerklärlicherweise nicht dazu. Es steht ein wenig verdeckt in der Nähe des Eingangs zum Park. Da lag wahrscheinlich das Problem: Die Jury war von dem Park so begeistert, dass sie dort direkt abgebogen ist. Denn selbst in der Parkanlage konnte sie noch drei weitere Kirchen finden. – Als ob in der Stadt nicht schon genug gestanden hätten! Uns hat das Tourismusbüro auf das Portal aufmerksam gemacht, sonst hätten wir es ebenfalls nicht entdeckt. Denn auch uns zog es sofort in den märchenhaften Park am Ende von Ibla.

Ragusa Ibla war bereits von oben gesehen beeindruckend, obwohl der barocke Charakter von dort aus noch nicht so ins Auge fiel. Vom Zentrum Ragusas gingen wir den Corso Italia immer weiter bergab bis zur Kirche Santa Maria delle Scale. Ab dort führten Treppen hinunter in das Tal zwischen den beiden Stadtteilen. Aber die Treppen mussten warten, denn wir wollten erst mal die ineinander verschachtelten und übereinander gestapelten Häuser Iblas auf dem gegenüberliegenden Hügel mit der Kamera festhalten. Dies war schließlich unsere einzige Gelegenheit. Hierher würden wir nämlich nicht mehr zurückkommen, denn für den langen, steilen Rückweg von Ibla nach Ragusa-Zentrum hatten wir den Bus eingeplant.

Auf den Geschmack gekommen

Ibla kam uns wie ein einziges Freiluftmuseum vor. Ganz anders als Modica und Scicli, wo wir uns erst durch kilometerlange Industriegebiete und andere Hässlichkeiten kämpfen mussten, um zu deren Barockherzen zu gelangen. Aber dafür wurden wir belohnt. Beim Anblick des reichlich verzierten leicht gelblichen Sandsteins, der in der Sonne erstrahlte, konnten wir nur zurückstrahlen. Diese Schönheit! Traumhaft, besonders in Kombination mit dem Klima! Die unzähligen Kirchen, die Kathedrale und der Dom – es hatte keinen Sinn, die Kamera zwischendurch wegzustecken! Und dabei waren wir bis dahin eher als Kirchenmuffel einzuordnen. Doch der sizilianische Barock hat uns begeistert – dort im Südosten Siziliens sind wir auf den Geschmack gekommen.

Natürlich nicht nur die Architektur betreffend. Wir haben die Speisekarten rauf und runter bestellt, gekostet, verglichen und genossen. Und zum Beispiel festgestellt, dass die Caponata überall anders zubereitet wird. Unseren eindeutigen Testsieger fanden wir letztendlich in Ragusa: das Ristorante Dioniso! Das junge Team gefiel uns allerdings genauso gut wie das Essen.

Wo begrüßt einen der Koch schon mit Handschlag, wenn man zum zweiten Mal kommt? Der Chef spendierte auch gleich einen Prosecco. Zum Abschluss umfasste diese Sonderbehandlung Likörwein von der Insel Lampedusa und dazu *Cannoli*. Diese Kalorienbomben kannten wir bisher nur aus den Schaufenstern oder Auslagen der *Pasticcerie*. Jetzt mussten wir dran glauben!

Röllchen gefüllt mit Ricottacreme. – Das klingt gar nicht so mächtig? Auch nicht, wenn man bedenkt, dass die fünfzehn Zentimeter langen Leckerbissen einen Durchmesser von fünf Zentimeter haben und schätzungsweise zweihundert Gramm wiegen? Die Teigrollen sind so knusprig, weil sie frittiert werden. Die Füllung ist so lecker, weil eine Unmenge Zucker darin verarbeitet ist. Abgesehen von den kandierten Früchten fanden wir sie köstlich. Während wir sie mit Genuss vertilgten,

kam der Koch an unseren Tisch und erklärte uns mal kurz das Rezept. Nicht, dass wir danach gefragt hätten. Was bei mir hängen geblieben ist, sind Pistazien, Vanille und Schokolade.
»Was heißt *Cannoli* eigentlich auf Deutsch?«
»Rohre. Warum fragst du?«

Das Dioniso liegt nicht auf der Flanierroute und steht auch noch nicht in Reiseführern. Trotzdem verirren sich immer mehr Touristen in dieses Lokal. Sie kommen wegen Ragusa Ibla, übernachten aber in Ragusa selbst. Die Kriminalromane über Commissario Montalbano sind schon seit vielen Jahren Bestseller. Der Autor betonte in jedem Band, dass die Orte fiktiv seien. Bis er auf die Idee kam, den Tourismus seines geliebten Siziliens zu unterstützen. Die Drehorte der TV-Serie liegen über die ganze Insel verstreut, die Hauptszenen wurden jedoch in der Provinz Ragusa gedreht. Natürlich fast ausschließlich bei strahlender Sonne. Hunderttausende Reisende konnten dem nicht widerstehen. Bei Dioniso sind sie dem Autor Andrea Camilleri ungeheuer dankbar, denn durch ihn bekommen sie Gäste aus aller Welt. Gut, dass wenigstens der Koch Englisch spricht.

Italien im mediterranen Licht

Lassen Sie sich inspirieren! Auf der Webseite zur Buchreihe *Immer wieder Italien* finden Sie Fotos zu jeder Erzählung: http://italienreisen.jimdo.com

Bisher sind erschienen:

- *Senza niente*

- *Non solo isole*

- *Dolce far niente*

- *Al dente*

Die Bücher gibt's bei allen Online-Anbietern als Taschenbuch und als E-Book.

Sie möchten lieber die Buchläden unterstützen und Sie haben etwas Geduld? Im Buchladen sind die Taschenbücher auf Bestellung erhältlich.

Möchten Sie benachrichtigt werden, wenn der nächste Titel erscheint? Schicken Sie uns einfach eine E-Mail. Nutzen Sie dazu bitte unsere Webseite.